AF313111

ESSAI

SUR

LES CAUSES DE LA SUPÉRIORITÉ

DES GRECS

DANS LES ARTS D'IMAGINATION.

ESSAI

SUR

LES CAUSES DE LA SUPÉRIORITÉ

DES GRECS

DANS LES ARTS D'IMAGINATION ;

Question qui a été proposée par l'Académie des Sciences et Belles - Lettres de Lyon.

PAR J. J. LEULIETTE,

Professeur de Belles-Lettres à la ci-devant école centrale de Seine et Oise.

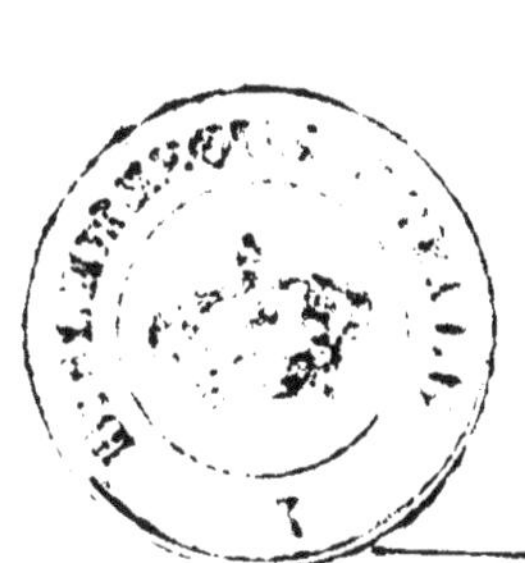

Non, si priores Mæonius tenet
Sedes Homerus, Pindaricæ latent,
Cææque et Alcæi minaces,
Stesichorique graves Camœnæ:
Nec, si quid olim lusit Anacreon,
Delevit ætas : spirat adhuc amor,
Vivuntque commissi calores
Eoliæ fidibus puellæ.

HOR. *Od. ad Lollium, Lib.* IV.

A PARIS,

Chez TREUTTEL et WÜRTZ, Libraires, rue de Lille, n° 703, ancien hôtel de Lauraguais, derrière les Théatins;

Et à STRASBOURG, même Maison de commerce.

AN XIII — 1805.

DISCOURS

PRÉLIMINAIRE.

Une question proposée par l'Académie des belles-lettres de Lyon, m'a fourni le sujet de cet ouvrage ; d'autres études, une maladie violente, m'empêchèrent de le terminer pour l'époque du concours. Le prix a été remporté par un écrivain dont la tête est déjà décorée de plusieurs couronnes littéraires. Je ne connois point encore son Discours ; mais la notice qu'en a donnée l'Académie, me fait juger que l'auteur n'a point envisagé l'objet de la même manière que moi. Je lisois mon ouvrage à mesure que je le composois dans mon Cours public de littérature ; le plaisir qu'il parut faire me donna quelque confiance ; peut-être sera-t-elle trompée par des juges plus sévères. Ce n'est point un traité savant que je publie ; ce sont quelques apperçus que je dois à la lecture

constante des plus grands écrivains de
l'antiquité, à la méditation, et sur-tout à
l'enthousiasme qu'inspire un peuple qui
a été l'instituteur de toutes les nations
civilisées. J'ai donné plus d'étendue à la
question, que ne portoit le programme
de la Société savante qui l'avoit proposée.
Ne pouvant plus envoyer l'ouvrage, je
suis devenu maître de ma matière.

Malgré mes efforts, malgré les travaux
d'hommes bien plus habiles que moi, la
cause de la supériorité des Grecs dans les
arts d'imagination et les arts libéraux,
sera peut-être long-temps encore un pro-
blème insoluble ; mais l'influence qu'ils
exercèrent n'en est point un. Aucun peuple
n'eut une existence aussi longue ni aussi
brillante. Depuis Homère jusqu'à la prise
de Constantinople, on voit la langue
d'Athènes se conserver sans une altération trop sensible ; on la voit sous la plume
des Poètes peindre toutes les beautés de
la nature, toutes les affections de l'ame ;
on la voit éclatante et terrible, tonner par
la bouche des Orateurs politiques ; douce,

affectueuse , consolante, prêter ses accens sublimes aux Ministres du Christianisme naissant et persécuté; grave, sentencieuse, animer les récits de l'Historien , et les fixer dans la mémoire ; sobre de mots , mais riche d'idées, servir d'interprète au précepteur d'Alexandre, qui connut tout et qui parla de tout avec une égale supériorité ; à l'esclave d'Épaphrodite , qui sut agrandir la servitude par ses vertus ; et à Marc-Aurèle , qui releva la majesté du trône par l'austérité du Portique ; et à Julien, qui sut vaincre, combattre, écrire, penser. On la voit enfin dans sa décadence se prêter à ces fictions romanesques , dont l'imitation foible , bizarre , fournit encore à nos temps de superstitions et de barbarie , le seul amusement noble dont les peuples fussent susceptibles. Rome dut toute sa gloire littéraire aux peuples vaincus ; Térence copioit Ménandre ; Lucrèce, grand comme poète , mais malheureux dans le choix de sa doctrine , popularisoit le systême désespérant d'Epicure. Virgile déroboit à Théocrite son rustique chalumeau (1), qu'il transformoit en luth délicat. Il embellissoit, il agrandissoit les préceptes d'Hésiode; mais il lui laissoit la gloire de la formation de Pandore, et de la fiction des quatre âges du monde, et fondoit Rome sur les débris d'Ilion, parce que Homère avoit célébré la destruction de Troie. Cicéron se déclare sans cesse l'admirateur de Démosthènes (2), et le place au-dessus de tous les Orateurs, attribue aux Grecs l'origine de tout ce qui embellit, de tout ce qui honore l'existence. J'ai donné une influence puissante au génie d'Homère, et je n'ai fait que

(1) Sicelides musæ paulò majora canamus.

(2) Sed ego idem qui, in illo sermone nostro, qui est expositus in Bruto, multum tribuerim Latinis, vel ut hortarer alios, vel quòd amarem meos, recordor longè omnibus unum anteferre Demosthenem, qui vim accommodarit ad eam quam sentiam eloquentiam, non ad eam quam in aliquo ipse cognoverim.... Quod si te sors Afris, aut Hispanis, aut Gallis præfecisset immanibus aut barbaris nationibus, tamen esset humanitatis tuæ consulere eorum utilitati, salutique servire. Cum nos ei generi hominum præsimus, non modò quo ipsa sit, sed etiam à quo ad alios pervenisse putetur humanitas; certè eam iis potissimum debemus à quibus accipimus.

suivre l'opinion qu'en avoient conçue Cicéron (1), Horace, Quintilien, Longin, Ovide, chez les anciens ; et parmi les modernes, tous les hommes qui ont quelque autorité en matière de goût.

Les peuples modernes durent également aux Grecs, et leurs arts et leurs chefs-d'œuvre ; le Dante, qui ne connoît

(1) *Aut certè nemo similis Homeri. . . . . Traditum est etiam Homerum cæcum fuisse. Ut ejus picturam, non poesim videmus ; quæ regio, quæ ora, qui locus Græciæ, quæ species formæ, quæ pugna, quæ acies, quod remigium, qui motus hominum, qui ferarum non ita expictus est, ut quæ ipse non viderit, nos ut videremus effecerit ?* Cicero.

Trojani belli scriptorem, maxime Lolli,
Dùm tu declamas Romæ, Præneste relegi :
Qui, quid sit pulchrum, quid turpe, quid utile, quid non,
Plenius, ac melius Chrysippo et Crautore dicit.

HORACE.

Ingenium magni livor detrectat Homeri :
Quisquis es, ex illo, Zoile, nomen habes.   Ovide.

« Il n'y a vraisemblablement que ceux qui ont de
» hautes et de solides pensées, qui puissent faire des
» discours élevés, et c'est particulièrement aux grands
» hommes qu'il échappe de dire des choses extraordi
» naires. Voyez, par exemple, ce que répondit Alexan
» dre, quand Darius lui offrit la moitié de l'Asie avec
» sa fille en mariage : Pour moi, lui disoit Parménion,
» si j'étois Alexandre, j'accepterois ces offres : et moi,

point Homère, fait un poëme sublime, mais bizarre ; le Tasse, qui l'entend, qui l'étudie, fait un ouvrage divin ; Milton n'eût point créé son Eden, si admirable par la majesté des conceptions, par l'aimable innocence des tableaux, n'eût point tracé avec les couleurs les plus hardies la révolte et la chute des anges, s'il

-----

» aussi, répliqua ce prince, si j'étois Parménion. N'est-il » pas vrai qu'il falloit être Alexandre pour faire cette » réponse ? et c'est en cette partie qu'a principalement » excellé Homère, dont les pensées sont toutes sublimes, » comme on le peut voir dans la description de la déesse » Discorde, qui a, dit-il,

La tête dans les cieux, et les pieds sur la terre.

» Car on peut dire que cette grandeur qu'il lui donne est » moins la mesure de la Discorde, que de la capacité et » de l'élévation de l'esprit d'Homère..... Voyez quelle » majesté Homère donne aux dieux :

» Autant qu'un homme assis au rivage des mers
» Voit d'un roc élevé d'espace dans les airs ,
» Autant des immortels les coursiers intrépides
» En franchissent d'un saut , &c.

» Il mesure l'étendue de leur saut à celle de l'univers ; » qui est-ce donc qui ne s'écrieroit avec raison, en » voyant la magnificence de cette hyperbole, que si les » chevaux des dieux vouloient faire un second saut, ils » ne trouveroient pas assez d'espace dans le monde ? »

(*Traité du Sublime.*)

n'avoit trouvé chez les Grecs les peintures enchanteresses de l'Elysée, la fable des Titans, cherchant à détrôner les Dieux. La belle Italie ne dut l'avantage de recommencer au quinzième et au seizième siècle l'histoire brillante de la Grèce, que par le bonheur qu'elle eut de recueillir la première les trésors de cette terre classique. La France aussi dut à la Grèce la plupart de ses chefs-d'œuvre. Rotrou, peu éclairé dans son choix, peu sûr dans sa marche, unit souvent à la voix majestueuse de Sophocle, les cris forcenés de Sénèque; mais il fit aimer son Antigone, en lui laissant le costume grec; et rendit son Alcide ridicule, en lui prêtant l'emphase du tragique latin. Hardi, original, fier de sa force, Corneille négligea les grands maîtres d'Athènes; il fit des chefs-d'œuvre sans leur secours; mais en les étudiant, il eût produit peut-être de plus grands effets. Il eût banni de son théâtre, ces amours épisodiques, qui refroidissent l'action, qui rapetissent ses héros. En bien étudiant les Grecs, il n'eût point affoibli,

par des dialogues galans, l'épouvantable
sujet d'Œdipe; les conférences politiques
de Sertorius, le drame imposant où il nous
peint l'arrogante générosité de César, le
noble désespoir de Cornélie, et Pompée
expiant par sa mort, sur les rives du
Nil, le crime de s'être laissé vaincre à
Pharsale. Moins original, moins grand,
moins sublime, mais plus pur, plus tou-
chant, plus parfait, Racine emprunta des
Grecs ses plus beaux titres de gloire; il
fit parler, d'après Euripide, la douleur
éloquente d'Andromaque, les fureurs de
Clitemnestre, et fit couler des larmes sur
Phèdre, victime malheureuse d'une déesse
puissante. Quel sujet de surprise, quand
on songe que tous les vrais tragiques français réunis n'ont pas fait autant de pièces
qu'en fit un seul des tragiques grecs! A quoi
tenoit donc cette merveilleuse fécondité?
Cependant les Grecs se renfermoient dans
leur ancienne Mythologie et dans leur
ancienne Histoire; Melpomène n'armoit
de ses poignards qu'un petit nombre de
familles, qui reparoissoient sans cesse sur

le théâtre. Il n'y a point de genre de littérature que nous ne devions aux Grecs. L'ode, tantôt majestueuse et sublime, tantôt voluptueuse et riante, célébrant les combats ou vantant les plaisirs, eut des Grecs pour créateurs; des Grecs furent les premiers qui soupirèrent l'élégie, et qui prêtèrent de charmans attraits à la vie pastorale. Ils ont fourni d'aussi grands modèles dans l'histoire que dans la poésie et l'éloquence. Qu'on reproche si l'on veut à Hérodote des fables et un merveilleux souvent absurde, il ne conservera pas moins la gloire d'avoir décrit l'Egypte avec ses superstitions et ses mystères imposans, d'avoir tracé l'origine des républiques grecques, et peint toutes les forces du grand roi se brisant contre l'heureux génie qui dominoit Athènes et Sparte ; et avec quelle belle simplicité ne fait-il point parler ses héros? Quelle scène dramatique plus imposante que celle où il peint les mages perses délibérant sur la forme de gouvernement qu'ils doivent donner à leur pays? que celle où il nous retrace l'orgueil de Xerxès résistant à l'avertissement des dieux, aux conseils de l'amitié, aux leçons de l'expérience, et donnant au monde le spectacle des folies qu'entraîne l'ivresse d'un pouvoir sans limites? Peintre moins élégant, mais bien plus énergique, bien plus fort en pensées, Thucydide est l'historien des hommes libres; avec quelle vérité il décrit les agitations d'Athènes, l'art de Périclès, à s'emparer du pouvoir en affectant un respect religieux pour les lois; les séductions encore plus perfides d'Alcibiade, faisant expirer la gloire de la cité de Minerve sur les rivages de Sicile! Que diron-nous des arts libéraux des Grecs? Les débris sacrés qui ont échappé aux ravages des temps, ont servi de modèles aux plus grands maîtres, et les productions du génie grec n'ont point été surpassées. Avec quel respect religieux, avec quel saint enthousiasme des voyageurs ne vont-ils point contempler les ruines de temples augustes, de villes que tous les talens avoient embellies ! Mais, hélas !

ces beaux lieux font naître les pensées les plus mélancoliques. On se rappelle avec admiration les merveilles qu'ils ont produites , les grands hommes qu'ils ont vus naître; on est pénétré de douleur de n'y plus voir que des peuples pour qui les temps passés ne sont rien, qui végètent plutôt qu'ils n'existent , et qui sont incapables de desirer et d'espérer même un avenir plus heureux.

On a tant fait d'expériences pernicieuses pour le malheur et pour la dégradation de l'espèce humaine; quand sera-t-il possible d'en faire une qui fasse juger de l'influence du climat et de la législation sur le caractère et sur le génie d'un peuple? Une révolution qui mettroit l'ancienne Grèce sous la domination de princes ou de peuples éclairés , qui releveroit de ses ruines Athènes , Sparte, Corinthe, offriroit au monde le plus beau des spectacles , et au génie contemplatif le sujet des plus brillantes espérances.

La philosophie prit aussi naissance chez

les Grecs, de l'aveu de Cicéron (1). Mais tous ceux qui portèrent le nom de philosophe ne rendirent point de grands services à l'espèce humaine. Quelques-uns imaginèrent des systêmes bizarres, affoiblirent la morale, rendirent le devoir de l'homme problématique, préconisèrent la volupté; mais les écoles de Socrate, de Pythagore et de Théophraste, produisirent une foule de personnages célèbres. On se tromperoit, si on mettoit en comparaison l'influence des philosophes modernes avec celle des anciens : ces derniers étoient des oracles, des législateurs, des espèces de souverains qui formoient des républiques au sein de la république. Quelle puissance le sage de Samos n'exerça-t-il point? Il réforma des villes corrompues ; il rappela l'honneur, la vertu dans des ames dégradées ; il captiva les esprits par des prestiges ; il s'assura de ses disciples, en les soumettant aux plus terribles épreuves ; ils

____

(1) Sunt ista Græcorum, quamquam ab his philosophiam et omneis ingenuas disciplinas habemus.

subsistèrent long-temps après sa mort, et conservèrent son esprit et ses maximes. Chez un peuple où l'imagination dominoit, les philosophes employèrent les ressources qu'elle pouvoit offrir; ils empruntèrent quelquefois la lyre des poètes; et s'ils se privèrent des charmes du rhythme et de l'harmonie qui caractérise le langage poétique, ils en prirent les images, les fictions, les sublimes allégories (1). Platon sur-tout s'attache à captiver les esprits par les charmes de l'éloquence; il se distingue par une faculté divine et homérique; il s'élève beaucoup au-dessus du discours que les Grecs expriment à l'aide d'une métaphore tirée de la marche ordinaire des hommes. Son génie ne paroît point animé par des ressorts humains, mais inspiré par l'oracle d'Apollon même.

____

(1) Philosophorum ex quibus plurimum se traxisse eloquentiæ, M. Tullius confitetur, quis dubitet Platonem esse præcipuum, sive acumine disserendi, sive eloquendi facultate divina quadam homerica? Multum enim supra prosam orationem et quam pedestrem Græci vocant, surgit, ut mihi non hominis ingenio sed quodam Delphico videatur oraculo institutus. Quintilien.

Une religion qui ne faisoit rien pour la morale, qui lui étoit même plus nuisible qu'utile, rendoit le ministère du philosophe aussi respectable que salutaire. Un moraliste moderne n'a que l'influence bornée que lui donnent ses écrits ; la religion et les lois du pays le renferment dans des bornes dont il ne peut s'écarter impunément ; mais chez les Grecs, la liberté de penser et de parler n'avoit point de bornes (1). Cependant, si la philosophie n'a point chez les modernes le caractère imposant, la domination superbe qu'elle avoit chez les anciens, elle peut encore néanmoins opérer de grands biens. Plus

____

(1) Non attingo Græcos quorum non modo libertas, etiam libido impunita, aut si quis advertit dictis dicta ultus est. TACITE.

Clarissimum deinde Homeri illuxit ingenium, sive exemplo maximum, qui magnitudine operum et fulgore carminum solus appellari poeta meruit, in quo sive maximum est, quod neque ante illum, quem ille imitaretur, neque post qui imitari posset inventus est. Neque quemquam alium, cujus operis primus autor fuerit, in eo perfectissimum, præter Homerum et Archilochum reperiemus. VELLEIUS.

resserrée dans ses attributions, elle exerce une autorité plus paternelle, elle n'a plus de rois pour disciples, elle ne gouverne plus les Etats ; mais elle console, elle agrandit les plus foibles individus. Platon, Aristote s'occupoient seulement du petit nombre ; ils toléroient l'esclavage ; ils le préconisoient comme moyen d'exalter l'esprit d'indépendance des citoyens de leurs petites républiques. Complaisans pour les passions, pour les vices même les plus honteux, ils sacrifioient la morale individuelle aux combinaisons de la politique. Après avoir élevé l'esprit par les idées les plus sublimes, ils révoltent souvent l'imagination par les tableaux les plus licencieux. Si la beauté de leur génie étonne, subjugue, leur ame n'a point cette chaleur, cette abondance de sentimens qui naît d'un amour profond de l'humanité ! Nos sages modernes, moins riches que les philosophes anciens en idées neuves et fécondes, en allégories sublimes, étonnent moins, mais touchent davantage ; ils fortifient les affections tendres ; ils sont

les interprètes et les consolateurs de l'infortune ; ils s'occupent de toutes les con-
ditions , de tous les besoins de la vie humaine. Si la philosophie ne fait plus ,
comme autrefois, de ces révolutions qui
changeoient la face des Etats, son empire , moins brillant, n'en est pas moins
utile, moins bienfaisant ; elle répand une
lumière douce , une chaleur tempérée ,
qui éclaire , qui échauffe les esprits. Ce
n'est plus Moïse qui dictoit ses décrets
au bruit de la foudre , c'est la colonne de
feu qui guidoit dans le désert les enfans
d'Israël.

Toutes les doctrines de la philosophie
moderne ne tendent point, il est vrai, à
élever, à ennoblir l'ame ; elle a ses Epicure,
ses Aristippe, ses Diagoras, qui s'efforcent
d'enlever à l'homme toutes ses espérances
et toutes ses illusions, qui confondent le
vice et la vertu , et n'offrent aux gens de
bien qu'ils découragent, comme au crime
qu'ils rassurent , d'autre avenir qu'un
néant éternel. Ils éteignent la douce chaleur de la bienveillance, comme la flamme

sacrée

sacrée du génie. Ils ne laissent de mobile aux ames, que l'intérêt personnel, que les calculs de l'égoïsme. Ce n'est point de cette école que sortirent les institutions que Locke donnoit à la colonie naissante de Penn ; ce n'est point cette doctrine qui dirigeoit Fénélon lorsqu'il servoit l'humanité par les fictions les plus ingénieuses, Montesquieu, lorsqu'il élevoit le sublime édifice de l'Esprit des Loix, Rousseau, lorsqu'il écrivoit les pages éloquentes de l'Emile, Milton, lorsqu'il peignoit les courts instans de félicité et les malheurs de la première famille du monde, Klopstock et Gessner, lorsque l'un agrandissoit la carrière de l'épopée, et que l'autre tiroit les leçons de la plus pure morale des peintures naïves de l'Eglogue.

En examinant les services que les Grecs ont rendus à la littérature moderne, qu'ils ont créée par la puissante influence de leurs exemples et de leur génie, il nous est doux de rendre aux élèves de ces grands maîtres la portion de gloire d'indépendance et d'originalité qui les dis-

tingue. Une religion , des mœurs différentes , des inégalités moins révoltantes
parmi les hommes, dans les climats les plus
civilisés de l'Europe, donnèrent une nouvelle couleur aux idées , une nouvelle expression aux sentimens. Tous les genres de
littérature prirent une physionomie moins
imposante , mais plus modeste , plus sensible , plus tendre. La douce humanité
vint prêter au génie un accent plus populaire. La morale s'associant aux idées religieuses, les implorant comme auxiliaires,
s'en servant pour secourir la vertu, pour
effrayer le crime, prêta de nouvelles forces
à l'éloquence et à la poésie. Bossuet n'a
rien de commun avec Démosthènes, Mas-
sillon avec Cicéron ; mais ils nous attachent également par des idées bien différentes ; les uns nous attristent sur les
crimes politiques , ennoblissent par les
efforts d'un sublime talent et d'un inutile courage, les derniers jours des deux
empires qui ont le plus illustré le monde ;
les autres nous frappent par le spectacle
des grandeurs humaines succombant

sous les coups du sort, et des empires,
comme les hommes, disparoissant à la
voix de l'Eternel, pour l'instruction du
monde. Les anciens, si riches en productions où les plus belles images ravissent,
où les fictions les plus hardies surpren-
nent, où l'éloquence de la nature exprime
toutes les passions, n'ont rien qu'on puisse
comparer, pour la mélancolie touchante,
aux Nuits d'Young, à l'élégie de Gray sur
un cimetière de campagne, au hameau
abandonné de Goldsmith, aux lamenta-
tions de miss Howe sur la tombe de Cla-
risse. Du côté de ces heureux mensonges
qui embellissent la nature, qui jettent un
voile d'or sur ses productions pour leur
prêter un nouvel éclat, nous n'avons
rien à opposer aux Grecs. Ils ont vu le
monde avec le coloris et la fraîcheur de
sa première jeunesse, l'heureux prestige
des sens les a rendus grands peintres ;
les modernes ont trouvé le théâtre de
l'univers animé par les plus brillantes fictions ; ils les ont respectées ; ils ne pouvoient peindre avec de nouvelles couleurs

des objets qui ne changent point ; mais ils ont peint avec des traits nouveaux l'homme que modifient la société , la religion , la politique.

On nous reprochera peut-être de nous être trop étendu sur l'éloquence , dans un ouvrage qui sembloit devoir se renfermer dans les arts purement d'imagination ; mais toutes les connoissances humaines s'unissent par des rapports intimes, se prêtent un mutuel appui , forment une seule et même famille (1). L'imagination qui peint , qui anime , qui étend , qui embellit , est utile à l'orateur comme au poète. Sans elle , le discours ne seroit qu'une aride série de preuves , d'argumens qui laisseroient l'ame sans mouvemens, et le cœur sans émotion. Homère , le modèle de tous les Ecrivains , a fait voir l'usage que l'orateur pouvoit faire de l'imagination dans les discours qu'il met dans la bouche de ses héros. Phénix

_____

(1) Etenim omnes artes quæ ad humanitatem pertinent, habent quoddam commune vinculum, et quasi cognatione quadam inter se continentur.

veut-il calmer son inflexible pupille, il cherche des autorités dans l'Olympe; il crée la sublime allégorie des prières et de l'injure; il constitue les dieux vengeurs de la foiblesse opprimée, de supplians dédaignés. Veut-il inspirer à un vainqueur farouche, de la pitié pour la vieillesse, du respect pour les mânes d'un ennemi, il peint les infortunes comme le partage de tous les mortels; il fait parler un père que l'image du passé tourmente, que le présent accable, qui a vu tous ses fils le précéder dans la tombe, et qui réclame, comme une grace, le cadavre mutilé du dernier appui de son trône. N'est - ce point l'imagination qui peignit à Démosthènes les maux de la servitude, la ruine d'Athènes, l'avilissement de la Grèce, et qui rendoit sa douleur si auguste et si éloquente? Aucun poète ne fit plus usage de l'imagination que l'orateur romain. Il abusa même, dans sa jeunesse, de cette faculté précieuse, lorsqu'il retraçoit, avec plus de recherche d'esprit que de goût, le supplice des Parricides; mais il en fit ensuite un usage plus réglé. Avec quelle richesse d'expression , quelle abondance d'images , il nous décrit les excès de Verrès ! Avec quelles couleurs brillantes , poétiques , il fait parler les divinités de la Sicile , outragées dans leurs temples ! Quel tableau il fait du supplice de Gavius ! Ce n'est point un orateur qu'on entend ; c'est un malheureux qu'on voit périr par les tourmens les plus horribles , qui meurt en esclave à l'aspect des rivages de l'Italie , le séjour de la liberté. Avec quelle force, quelle connoissance de l'empire des superstitions sur l'esprit des peuples, il nous offre , en poursuivant la mémoire de Clodius, le spectacle des bois sacrés d'Albe , des temples de Rome , des divinités d'Italie, se joignant au défenseur de Milon , et justifiant le meurtrier du contempteur de leur culte , le protecteur de la ville sainte où ils avoient pris naissance. Quelquefois même il exagère aux yeux des ames froides, mais il captive les cœurs sensibles; c'est lorsqu'en parlant de grands criminels , il peint les solitudes, les rochers même, émus par le récit de leurs attentats; c'est lorsqu'il fait entendre, dans l'accusation contre Catilina, la Patrie qui s'élève contre des assassins, et qui réclame des défenseurs; c'est lorsqu'il nous peint le deuil de la maison de Pompée, passant de l'excès de la gloire à l'excès de la honte; c'est lorsqu'il anime des êtres insensibles, qu'il montre les voûtes, les murs du sénat se réjouissant du retour de Marcellus; c'est lorsqu'il déplore la perte d'un défenseur de l'aristocratie romaine, privant, par sa mort, le corps qu'il soutient, d'un athlète aussi ferme qu'intrépide, l'Etat, de son appui le plus courageux, l'éloquence, de son plus bel ornement. Cicéron fut doué de l'imagination la plus puissante; c'est par elle qu'il obtint tant de succès, qu'il opéra tant de prodiges; c'est par elle que ses écrits vivront dans tous les siècles, qu'on ne cessera de détester Clodius, de s'intéresser à Milon, d'applaudir à l'adoption que Rome fait d'Archias, protégé par son grand orateur, qu'on se sentira éternellement ému par le récit du retour triomphal du plus illustre des exilés , et que sa mort , obtenue par l'énergie de ses derniers discours , puisqu'ils n'empêchèrent point le triomphe du crime , lui mérite, de toutes les ames élevées , les hommages mélancoliques que lui rend un écrivain , souvent très-méprisable , mais éloquent une seule fois , en parlant de l'homme le plus éloquent que la nature et l'art aient jamais produit , et qui parut vouloir expier , par ce moment de culte à la vertu , l'encens qu'il brûla sur les autels de Tibère et de son digne ministre. L'imagination aussi, brille avec un vif éclat dans les discours des orateurs qui transportèrent dans l'Orient l'éloquence, bannie de Rome et d'Athènes. C'est avec le secours de cette faculté puissante , que Chrysostôme soutient le courage des habitans d'Antioche, menacés d'une mort cruelle ; c'est elle qui lui dicte l'admirable harangue qu'il met dans la bouche de l'évêque Flavien , et ce discours si plein de grandes images , de mouvemens heureux, d'apostrophes véhémentes, qui sauve Eutrope, disgracié par le maître qu'il avoit servi, du ressentiment du peuple qu'il avoit accablé. C'est à l'aide de l'imagination que le même orateur rend si touchante, si pathétique, la scène que lui ménage la tendresse maternelle pour le rattacher au monde qu'il vouloit fuir. Sans l'imagination, le discours de l'orateur ressemble à ces figures pâles et décolorées, où l'on ne voit ni le feu des passions ni l'image de la vie ; ce n'est point l'élégante harmonie d'Isocrate, les antithèses de Fléchier, qui subjuguent l'ame, qui l'étonnent ; c'est l'impétuosité de Démosthènes ; c'est la grandeur impérieuse de Bossuet. Ce dernier sur-tout a souvent l'imagination du poète ; il remplit l'esprit des plus grandes images, il peint avec une majesté sublime les trônes qui se renversent, la mort qui triomphe de l'orgueil humain, qui confond tous les rangs, qui ne laisse pas même subsister l'ombre de ces graces, de cette puissance, objets de l'idolâtrie des aveugles mortels. C'est par le tableau imposant et terrible du jugement dernier , tableau conçu par une imagination forte , que l'évèque de Clermont porte la terreur dans l'ame d'un immense auditoire , qui croit voir le ciel s'ouvrir , et l'arbitre des destinées humaines descendre pour prononcer la sentence du grand nombre des réprouvés, et le triomphe du petit nombre des élus. Enfin , l'éloquence ne compte , comme la poésie , de véritablement grands maîtres , que ceux qui ont réuni les facultés d'une ame forte aux émotions d'un cœur sensible, que ceux qui aiment l'humanité, qui soupirent ardemment après la gloire.

J'ai un reproche bien plus grave à redouter que celui que j'ai prévu, et dont il m'est plus difficile de me justifier; c'est d'avoir traité d'une manière aussi foible , aussi incomplète, aussi aride, un sujet susceptible d'idées neuves , de magnifiques développemens , de sublimes résultats. Il a paru sur la Grèce une infinité d'ouvrages , mais aucun n'envisageoit particulièrement ce pays sous le rapport proposé par l'académie de Lyon. Quelques critiques célèbres ont développé les beautés des poètes, des orateurs, des historiens, de cette terre classique et fortunée ; ils se sont arrêtés aux effets merveilleux qu'ils appercevoient, qu'ils sentoient ; ils n'ont point osé remonter à des causes qu'il étoit difficile de pénétrer. Le ministre de Zénobie, qui avoit du goût dans un siècle barbare, et des idées d'indépendance à la Cour d'une Reine de l'Orient, Longin écrivit sur le sublime dans un siècle où les Grecs avoient déjà perdu leurs plus beaux titres de gloire ; son admirable ouvrage ressemble (si l'on se reporte au temps où il l'écrivit) à ces plantes qui, par le voisinage de sources, de fontaines, conservent leur fraîcheur au milieu des feux de la canicule ; Longin, dis - je, indique la forme des constitutions politiques comme la source de l'éloquence et des sentimens élevés, sans lesquels il ne peut exister ni de grands poètes ni de grands orateurs. Son opinion, fondée sur l'expérience, n'a point été démentie, et j'ai dû la respecter. On a écrit, dans nos temps modernes, plusieurs volumes sur Homère, et son article ne forme qu'un épisode dans mon ouvrage. Tout le monde connoît la belle Préface que Pope a mise à la tête de la traduction de ce poète immortel. Rochefort a trouvé des choses neuves à dire après le grand interprète que la nature et l'art donnèrent au chantre de l'Iliade ; mais il eût dû se contenter de développer les beautés d'Homère, au lieu d'essayer de les transporter dans notre langue. Les traductions des théâtres d'Eschyle, de Sophocle, d'Euripide, faites par plusieurs membres de l'académie des inscriptions, offrent des préfaces, des morceaux de critique dignes d'être médités. Je connois encore d'excellentes dissertations sur les chefs-d'œuvre de l'antiquité grecque, mais elles sont l'ouvrage d'auteurs vivans ; je m'abstiendrai d'en faire mention, car alors les louanges les plus légitimes sont suspectes d'affection et de partialité. Je me croirai complètement récompensé des soins que j'ai donnés à cet Essai, s'il inspire à notre jeunesse le noble goût de la littérature ancienne.

Il est vrai que la plupart des écrits sur la
Grèce sont bien propres à inspirer ce sentiment. L'Histoire générale du docteur
Gilliès présente le magnifique tableau
des évènemens politiques dont elle fut
le théâtre, et des grands hommes qu'elle
produisit. Ses monumens, ses temples, ses
cités, ses poètes, ses orateurs, se relèvent de
leurs ruines, sortent de leurs tombeaux,
éveillent l'attention et l'intérêt. Les Lettres
Athéniennes, écrites par des Anglais d'un
mérite distingué, développent d'une manière animée, ingénieuse, profonde, tous
les événemens qui ont influé sur la grandeur
des Etats grecs ou sur leur décadence.
Plusieurs voyageurs illustres ont étudié sur
des ruines l'histoire des temps anciens.
Leur imagination a recréé et les grands
hommes et les grandes choses qui avoient
disparu depuis plusieurs siècles. Barthe-
lemy, en faisant voyager son Anacharsis,
nous met en relation avec tous les personnages illustres, nous peint l'enthousiasme
sublime des poètes, relève la tribune des
orateurs, les écoles des philosophes et les

ateliers des peintres et des statuaires. En le lisant, on se rappelle ce beau passage de Cicéron. « Movemur enim, nescio quo » pacto, locis ipsis, in quibus eorum, » quos diligimus aut admiramur adsunt » vestigia. Me quidem ipsæ illæ nostræ » Athenæ, non tam operibus magnificis » exquisitisque antiquorum artibus delec- » tant, quàm recordatione summorum » virorum, ubi quisque habitare, ubi se- » dere, ubi disputare sit solitus ». Heureux l'homme qui peut encore intéresser après de si grands maîtres ; c'est un bonheur auquel j'aspire, et que je n'espère que foiblement.

———————

Cᴇᴛ Avant-propos pourra paroître d'une trop grande étendue relativement au reste de l'Ouvrage : je me suis laissé entraîner par l'abondance de la matière et par un goût tout particulier pour les objets que j'avois à traiter. D'ailleurs il devoit paroître à la tête d'un travail plus étendu que je n'ai point eu le temps d'achever. Je me proposois de suivre la littérature grecque dans le moyen âge, d'examiner l'influence qu'eurent sur elle les évènemens politiques et les doctrines religieuses. On pouvoit encore intéresser en comparant les orateurs des églises d'Orient aux orateurs d'Athènes, et les historiens de l'histoire bizantine aux historiens des républiques grecques. On auroit vu par le rapprochement des faits que les uns et les autres avoient à retracer, que ceux du moyen âge devoient manquer de grandeur, parce qu'ils n'avoient que de petits détails à offrir. Un parallèle entre le siècle et les écrits de Platon, et le siècle et les écrits de Julien ; entre la politique de Marc-Aurèle et celle d'Aristote, pourroit sous la plume d'un écrivain plus habile que moi, plaire et instruire. Enfin, j'aurois tâché d'indiquer quelles circonstances, quelles mœurs influèrent sur l'imagination de ce fameux Lucien, qui se moqua des dieux et des hommes, qui outragea la pudeur et la morale, qui en révoltant par la licence de ses tableaux, plaît, charme, entraîne par la vivacité de ses plaisanteries, par l'originalité de ses conceptions, par le naturel de sa gaîté.

J'aurois jeté un coup-d'œil sur les productions romanesques du moyen âge, moins remarquables par leur mérite que par l'influence qu'elles obtinrent sur la renaissance de notre littérature. Comme les Grecs ont été les instituteurs des Romains dans les arts d'imagination, j'aurois examiné la différence des productions de génie des deux peuples et les causes qui l'ont fait naître ; ce travail s'exécutera si le public encourage ce foible Essai. Ses suffrages peuvent seuls soutenir l'écrivain, agrandir son imagination et le rendre capable des plus grands efforts.

To hold his course infaulting , while the voice
Of truth and virtue , up the stept ascent
Of nature calls him to his high reward
Th' uplauding smile of heaven. . . . . .

ESSAI

SUR

LES CAUSES DE LA SUPÉRIORITÉ

DES GRECS

DANS LES ARTS D'IMAGINATION.

Un pays qui n'est qu'un petit point dans l'univers, s'est acquis une gloire qui a survécu à tous les siècles, qui a triomphé de toutes les révolutions ; ses habitans ont été plusieurs fois renouvelés, son sol a changé de face, sa langue s'est appauvrie, dénaturée ; l'ignorance sauvage a flétri le séjour des lumières, le temple de la Renommée, le sanctuaire du génie ; et malgré toutes ces vicissitudes, ce pays auquel le monde doit ses arts les plus brillans, ses institutions les plus sublimes, ses jouissances les plus délicates, appelle encore sur ses ruines l'enthousiasme, le respect, l'admiration. Avant que quelques débris augustes des sciences et de la littérature des Grecs fussent transportés dans l'occident, les nations qui l'habitent étoient plongées dans les ténèbres, les esprits les plus nobles man-

quoient d'aliment digne de les exercer, de modèles propres à exciter leur émulation. Sans
les livres d'Homère qui étonnèrent et qui inspirèrent d'heureux génies, les modernes ignore-
roient peut-être encore les merveilles sublimes
de l'épopée ; ils ne se douteroient point des
effets imposans et terribles de la muse tragique,
si le temps avoit dévoré tous les chefs-d'œuvre
d'Eschyle, de Sophocle et d'Euripide. Que
seroient nos arts sans cette mythologie séduisante, enchanteresse, divine, qui prête à l'art
du peintre, à celui du statuaire, des sujets si
variés, de si magnifiques attributs? On frémit
quand on songe que ces productions qui font
les délices des nations savantes, qui nous
ont inspiré le goût et le sentiment du beau,
pouvoient être entièrement anéanties par le
zèle outré de quelques enthousiastes ascéti-
ques et par le fanatisme brutal des Musul-
mans ; que l'islamisme qui abrutit tout ce
qu'il subjugue, pouvoit non-seulement accabler sous son joug monstrueux, la riche,
la magnifique Asie, effacer jusqu'aux derniers vestiges de la splendeur d'Athènes, du
luxe voluptueux de Corinthe, de la sauvage
et fière majesté de Sparte, mais encore couvrir
le midi de l'Europe et prescrire à la raison et
au génie un sommeil éternel. Engourdis par

la servitude, ignorant le passé, sans soins, sans inquiétude de l'avenir, les peuples n'eussent laissé aucune trace de leur existence, et ces belles contrées, où la nature et l'art, où l'homme et la divinité semblent rivaliser de pouvoir, de magnificence, n'offriroient que le triste et monotone aspect de nations sans énergie, d'esprits sans mouvement, de misérables brutes sous l'apparence humaine.

Si nous avons tant d'obligations à la Grèce, si son histoire, ses productions, ses monumens composent l'étude de notre jeunesse, font les délices de l'homme sensible, offrent un texte sans bornes aux méditations du sage; peut-il exister un travail plus doux que l'examen des causes auxquelles ce pays a dû son étonnante supériorité dans les arts d'imagination, les sciences et les arts libéraux? Si cette recherche ne nous procure point de résultats satisfaisans, elle nous reportera sur une terre délicieuse, qu'on revoit toujours avec un nouvel intérêt : si nous manquons le but de notre voyage, nous pourrons trouver sur notre route des richesses nouvelles, des trésors jusqu'alors inconnus, qui rendront notre course fructueuse. Ainsi l'observateur philosophe qui sort de l'Europe pour examiner à quelles causes le Nil doit son accroissement annuel et mystérieux, n'obtient ordinairement d'autres fruits de ses excursions, que celui d'ajouter des conjectures nouvelles aux conjectures anciennes : mais il a parcouru de nouveaux climats ; mais des ruines antiques, en s'adressant à sa mémoire, en lui rappelant des faits imposans, ont réveillé son imagination, anobli sa pensée ; mais des peuples inconnus ont offert un nouveau texte à ses méditations ; s'il n'a point vu ce qu'il souhaitoit voir, il revient du moins enrichi de trésors qui le payent de ses fatigues et qui excèdent souvent en mérite ceux qu'il recherchoit avec une aveugle ardeur.

Un peuple qui a servi de guide à tous les autres dans les arts qui conduisent à la gloire, que toutes les nations imitent, et qu'aucune n'a surpassé, a dû sans doute ces avantages brillans, ce caractère auguste, cette suprématie imposante, à des formes de gouvernement, à des idées religieuses, à une législation bien favorable au développement des esprits. Tâchons d'indiquer quelques-unes des causes qui ont placé les Grecs sur une éminence d'où ils dominent le monde entier : beaucoup nous échapperont sans doute ; il est facile de pénétrer les principes généraux de la fertilité d'une terre, de sentir l'influence du soleil, d'apprécier les trésors que versent sur elle les rosées et les pluies ; mais peut-on calculer les secours qu'elle reçoit des sels actifs, des sucs nourriciers qu'elle enferme dans son sein ?

La Grèce eut sans doute des poètes dans l'antiquité la plus reculée. L'étonnement, l'admiration qu'inspirent les phénomènes de la nature, la reconnoissance envers la divinité, l'enthousiasme que l'héroïsme fait naître, les services qu'il rend quand son but est noble et généreux, sont autant de causes bien propres à enflammer l'imagination des peuples doués d'affections vives et d'organes délicats. L'Apollon, auquel on attribuoit la direction de l'astre du jour, l'invention de la médecine et l'art des vers, fut sans doute un de ces mortels privilégiés qui naissent avec de grands talens, qui sont des dieux dans les siècles barbares où l'admiration s'épanche sans effort, et qu'on reconnoîtroit à peine pour des grands hommes dans ces temps civilisés, où l'envie cherche à rabaisser ce qui s'élève, à flétrir ce qui brille d'un éclat imposant. Orphée, Musée, Linus, obtinrent des hommages qu'ils durent moins au mérite de leurs productions qu'à la surprise qu'ils excitèrent. L'homme près de la nature est susceptible d'enthousiasme, il paye les plus petits bienfaits par la plus ma-

gnifique des récompenses. Le premier qui tra-
vailla des métaux fut un dieu; le premier qui
traça des sillons fut l'hôte heureux d'une
déesse reconnoissante ; celui qui planta la
vigne eut des temples et des autels. L'admiration, la gratitude peuplèrent l'Olympe de divinités. Il y eut sans doute beaucoup de poètes
avant Homère, mais Homère fut le premier
qui se créa une réputation qui fut indépendante du changement de mœurs, de gouvernement, de religion, qui sut se faire un nom ,
et par lui-même, et par la gloire des émules
qu'il fit naître.

On ignore dans quel temps il fleurit, dans
quels lieux il vécut ; on fit l'histoire de sa vie
d'après ses ouvrages et d'après les rêves de ses
adorateurs enthousiastes. Il n'y a point de
manière plus honorable de célébrer un grand
écrivain. Si les esprits sévères se plaignent du
défaut de vérité, les cœurs sensibles, les seuls
vrais juges des auteurs sublimes, excusent
des fables que l'admiration a produites.

On conjecture qu'il visita l'Egypte , pays
où tout étoit mystérieux , la nature, les sciences, les dieux et les hommes ; où les prêtres se
rendoient redoutables et augustes au vulgaire,
en faisant un secret de leurs connoissances.
Un homme supérieur ne voit pas même sans

fruit les erreurs les plus absurdes ; tout l'éclaire, tout l'anime, tout l'inspire ; il porte la lumière dans d'épaisses ténèbres ; il égaye des superstitions sombres , il prête de l'intérêt à des conceptions extravagantes, en les purgeant de ce qu'elles ont de bizarre , et en les revêtant de graces brillantes. Homère apporta des rivages du Nil l'effrayante idée du Tartare et l'idée séduisante de l'Elysée ; une cérémonie auguste, un jugement solemnel , dont l'Egypte offroit seule l'imposant exemple , l'aidèrent à transporter dans l'empire des morts une justice dont il voyoit la vénérable image sur un coin de la terre. Avec un génie tel que le sien , il ne pouvoit méconnoître une providence unique, immense, éternelle ; il couvrit d'un nuage d'or une partie de la lumière qui frappoit ses regards, il caressa la superstition parce qu'elle flattoit le peuple, parce qu'elle servoit la poésie. Il fit entrevoir aux sages qu'il pensoit comme eux sur la divinité, et qu'il savoit parler de ses merveilles mieux qu'aucun d'eux ; il fut le créateur des fictions les plus sublimes ; il jeta les premiers fondemens de la gloire de la Grèce ; il sut prêter à ses divers états, à ses diverses cités l'origine la plus auguste. En faisant descendre ses héros du ciel, ou en les

y plaçant par l'apothéose, il fit une religion
toute patriotique, toute nationale. En associant tous les princes grecs à la querelle d'un
d'entr'eux, il leur prouva qu'ils devoient
rester unis, en montrant que la désunion fut
sous les murs de Troie la cause de tous leurs
désastres. Son Iliade étoit un vaste et magnifique tableau, où l'imagination enchantée con-
temploit la Grèce dans ses temps barbares et
dans ses temps héroïques; avec ses dieux protecteurs et avec ses grands hommes; avec une
nature belle et riche de son propre fonds, et
encore égayée par les fables les plus ingénieuses. A combien de talens les poëmes
d'Homère ne donnèrent-ils point naissance!
Son génie fut comme ces grands fleuves d'où
l'on détourne tous les canaux, toutes les
sources qui arrosent un vaste pays; il fit naître
la tragédie, moins magnifique, mais aussi
majestueuse que l'épopée, et d'un effet plus
terrible encore. Eschyle, dont les vers res-
pirent une énergie sombre, une majesté sauvage, avoue avec le noble orgueil de la reconnoissance, que ses pièces n'étoient que de
foibles débris du magnifique banquet d'Homère. Toujours simple et toujours majestueux, sublime dans la peinture des passions,
dans la peinture des caractères, dans l'art de

ménager de grands effets et de déguiser l'art,
Sophocle fut l'Homère de la tragédie ; plein
du génie de ce grand poète, il lui dut ses prin-
cipaux chefs-d'œuvre. Les crimes qui souillèrent la maison d'Agamemnon, lui offrirent
l'épouvantable sujet d'Electre, l'un des plus
terribles et des plus sublimes de l'ancien
théâtre. Ajax, si fier, si impétueux, si témé-
raire dans l'Iliade, reparoît dans Sophocle
victime intéressante et malheureuse de l'injustice des hommes, de la haine des dieux et
de l'empire aveugle des passions.

Si, comme on le prétend, Homère fut l'auteur d'un poëme sur la guerre de Thèbes,
Sophocle lui devroit la peinture touchante
des infortunes déplorables d'Œdipe, des fureurs d'Etéocles et de Polynice, des vertus
touchantes d'Antigone et d'Isménie, servant
de guide, d'appui à leur malheureux père,
et donnant, malgré les défenses de l'impie
Créon, et aux dépens de leur vie, une sépulture à leurs coupables frères. Un badinage
échappé au génie fécond du chantre de
Troie dans un instant de délassement, donna
naissance à la comédie ; ainsi les trois Muses
qui ont le plus d'empire sur les hommes, qui
excitent dans nos cœurs les impressions les
plus vives, les plus agréables, se servirent du

ministère d'Homère pour déployer la première fois leurs riches trésors et pour se rendre accessibles aux mortels.

Homère fut encore le premier des orateurs; quels beaux modèles d'éloquence ne trouve-t-on point dans l'Iliade et même dans l'Odyssée! que de gravité, que de sagesse dans les discours de Nestor! quelle douceur insinuante dans ceux d'Ulysse! quelle sensibilité, quel art d'embellir des idées morales par d'ingénieuses allégories, dans les harangues de Phœnix à son indomptable pupile! quelle vérité de passions dans les adieux d'Hector et d'Andromaque! enfin, quelle philosophie et quelle connoissance des hommes, quelle instruction appropriée à tous les besoins de la vie se déployent sans effort dans les deux poëmes de ce créateur de toutes les fictions sublimes! Partout on y recommande les saintes loix de l'hospitalité; on place les malheureux sous la protection de Jupiter même; on y peint les foibles mortels, jouets du destin, menacés au faîte de la fortune des revers les plus cruels: on leur enseigne la compassion, la générosité par un retour naturel sur eux-mêmes. Ces vérités nous sont devenues familières; mais celui-là fut un grand homme qui les découvrit le premier; le sauvage qui abattit un arbre dans une forêt jusqu'alors intacte, put bien être un esprit ordinaire ; mais l'audacieux qui fit flotter sur les ondes le bois mobile et léger et qui les traversa avec un foible esquif, étoit à coup sûr un génie.

Avant Homère on se contentoit de conserver le souvenir de quelques époques désastreuses et sanglantes. Les peuples, encore sauvages, n'ont point l'idée d'une gloire qui s'étende au-delà de leur existence. Ils ne cherchent à surpasser les autres que pour dominer sur leurs contemporains, et non pour régner sur la postérité. L'amour de la vengeance ou la soif du butin arment leurs bras, ils combattent pour se baigner dans le sang ou pour se charger de dépouilles ; ils jouissent du présent, ils se croyent heureux à proportion des victimes qu'ils immolent, des malheureux qu'ils font. Homère fut l'historien des tems barbares où il vivoit ; il en peignit les mœurs avec une fidélité religieuse, et il enseigna le secret de prêter des charmes aux plus tristes tableaux. Il créa tous les moyens de plaire, d'enchanter, d'instruire ; personne ne mit autant de génie dans ses fictions, ni autant de vérité dans ses peintures.

Ses titres de gloire ne furent cependant connus que plusieurs siècles après sa mort ; le temps avoit dévoré ses cendres lorsqu'on s'apperçut qu'il avoit existé , lorsque plusieurs villes se disputèrent l'honneur d'avoir couvert son berceau , lorsque ses vers furent chantés dans les temples des dieux, sur les places et dans les solemnités. Ses poëmes avoient jeté une lumière dont ses contemporains n'avoient point profité ; elle s'éclipsa plusieurs siècles, elle reparut ensuite avec le plus vif éclat. Ainsi , par l'effet de certaines convulsions de la nature , les monumens de l'orgueil , les monumens des arts disparoissent, s'ensevelissent dans les entrailles de la terre , jusqu'à ce qu'un hasard heureux vienne briser leur prison et offrir au génie des modèles à imiter, à l'historien des archives à consulter , au philosophe des sujets de méditation.

Pisistrate, contemporain de Solon, fut le premier qui recueillit les œuvres d'Homère. On les chantoit dans les villes, dans les campagnes, comme les montagnards écossais chantent encore les hymnes guerriers du fils de Fingal. Toutes les contrées de la Grèce y trouvoient des souvenirs attachans ; ils y cherchoient l'histoire de leurs dieux, la naissance de leurs héros, les exploits de leurs plus grands princes; l'enthousiasme religieux et patriotique les accueillit d'abord , le goût , le talent, l'examen philosophique en firent valoir plus tard les beautés sublimes. Le merveilleux séduisoit le vulgaire, les sages soulevoient le voile sous lequel le poète s'étoit dérobé, et les fictions les plus ingénieuses ne leur parurent que l'innocent artifice d'une philosophie profonde, pour prêter de l'attrait aux vérités les plus augustes. Si tous les poètes le regardoient comme un maître, comme un modèle parfait, comme le pontife du temple des muses ; s'ils mettoient toute leur ambition à occuper une place au-dessous de lui, les philosophes lui rendoient un culte plus glorieux encore, parce qu'il étoit moins suspect d'enthousiasme : Socrate le citoit sans cesse dans ses entretiens, où l'éloquence se montroit sans art, où la raison la plus sublime empruntoit le langage le plus familier, Platon s'efforçoit de l'imiter dans sa prose harmonieuse et pittoresque, et rendoit la morale plus aimable en lui prêtant la parure séduisante de l'allégorie. Il lutte avec Homère lorsqu'il peint le bonheur des justes, les supplices des méchans; lorsqu'il met dans la bouche d'un prêtre égyptien les merveilles de la création, la fiction imposante des habitans de l'Atlantide. Doué de plus d'étendue d'esprit que d'imagination, de plus de talens d'analyser que de talens de peindre, Aristote rendit néanmoins à Homère le plus noble des hommages, en développant le secret de ses sublimes conceptions, en assignant des règles invariables d'après ce que le génie avoit conçu dans son libre et majestueux essor. Joignons le témoignage des orateurs à celui des philosophes, et nous verrons Démosthène citer Homère comme un oracle, comme un législateur. Ses décisions lui paroissent aussi vénérables que si elles avoient été dictées par Apollon lui-même. Quel fut donc cet homme étonnant qui ne put imiter personne et que les plus grands génies s'efforcèrent d'imiter, qui n'eut que la nature pour modèle, et qui la peignit avec tant de vérité ! Quels heureux hasards, quels événemens influèrent sur son sort, donnèrent à ses facultés un développement si prodigieux ? L'histoire se tait sur ce phénomène. Pour apprécier son influence, il ne faut que remarquer celle qu'obtinrent dans nos temps modernes des hommes qui lui furent bien inférieurs, mais qui nés comme lui dans des siècles barbares, jetèrent les premières lumières, arrachèrent leurs compatriotes à l'ignorance, leur firent connoître que l'esprit pouvoit avoir ses plai-

sirs. Pétrarque soupire des vers plus langou-
reux que tendres, plus spirituels que pas-
sionnés, et la lyre, en s'échappant de ses
mains, ne reste point muette ; d'autres doigts
la touchent et lui font rendre des sons aussi
harmonieux, mais plus expressifs, plus vé-
hémens : l'Italie est ensanglantée par des factions violentes et féroces ; la tiare des pon-
tifes lutte contre le diadême des Césars ; et au
milieu des massacres, des proscriptions, le
Dante ouvre les portes des enfers, peint les
plus effrayans objets, les plus épouvantables
douleurs, et sa voix sombre et sublime ré-
veille les muses du Tibre, du Mincio, de
l'Eridan, et Virgile, Horace, Ovide, ont
des émules et des successeurs. L'Angleterre ne
connut long-temps que le bruit des armes,
que celui de la trompette meurtrière qui sonne
la guerre civile ; Shakespeare paroît, et les
beautés fortes et sauvages de ses drames
éveillent le goût des arts, et le chantre étou-
nant de la désobéissance du premier homme,
et le peintre de Caton, et le poète philosophe
qui justifia la providence des désordres appar-
rens du monde moral et du monde physique,
avouèrent l'influence de ce génie fécond et
singulier sur leur littérature, comme les Grecs
reconnoissoient celle d'Homère. Si quelque

voyageur égaré dans un pays sauvage apper-
cevoit un palais majestueux entouré de superbes jardins où l'œil se reposeroit sur
des plantes variées, sur des arbres de tous
les climats, sur des statues qui retraceroient
l'image des grands hommes et les riantes chi-
mères de la fable; il diroit sans doute, un
homme de génie habita ces lieux, un homme
supérieur a vécu dans ces régions désertes; ce
magnifique palais c'est l'Iliade, créée parmi
des peuples encore barbares : l'homme de
génie, c'est Homère.

Les écrivains illustres de Rome lui rendirent le même culte que ceux de la Grèce;
personne n'est semblable à Homère, dit le
prince de l'éloquence latine : on dit qu'il fut
aveugle, cependant ce n'est point une poésie,
mais une peinture qu'il nous offre. Quelle
région, quels fleuves, quelle contrée de la
Grèce, quelle variété de formes, quel champ
de bataille, quels combats, quel mouvement
des vaisseaux, des hommes et des bêtes féroces, ne présente-t-il point à nos regards
avec les couleurs les plus fidèles! Comment
auroit-il réussi à nous faire si bien voir ce que
lui - même n'auroit point vu? Horace, qui
joignoit un goût si pur à une imagination si
riche, lui assigne le trône de l'empire poétique

et

et met au-dessous de lui l'impétueux, le magnifique Pindare, le bouillant Alcée. le chantre
gracieux de Théos : des braves, dit-il, ont
vaincu avant Agamemnon, mais des larmes
ne coulèrent point sur leur cendre, mais ils
moururent inconnus, et une nuit éternelle
les couvrit de ses tristes ombres, parce qu'ils
n'eurent point de poètes sacrés pour honorer
leur mémoire. Ailleurs il présente le chantre
de Troie comme le plus grand des philosophes, comme ayant mieux enseigné ce qui
est utile et honnête, ou criminel et honteux ,
que Crantor et Chrysipe; il nous le montre en
moraliste profond qui représente les peuples
comme les victimes éternelles des fautes des
rois, qui retrace avec les couleurs les plus fidèles
les tristes effets des séductions, des ruses , des
crimes de l'amour, des piéges de la volupté.
Virgile fit mieux que de louer le chantre
d'Achille et d'Ulysse ; il fit un poëme parfait,
d'après ces deux poëmes divins. Homère avoit
créé une fable ingénieuse, il avoit ouvert la
riche et magnifique arêne où s'exercèrent ceux
qui le suivirent. Le sujet qu'il traita d'abord, et
qui fait son principal titre de gloire, offrit une
foule d'événemens propres au cothurne par
les incidens qui l'acompagnèrent comme par
les tristes catastrophes qui le suivirent. Le

B

siége de Troie fut pour les Poètes tragiques une mine inépuisable. Priam a vu périr la plupart de ses enfans, et ceux que la guerre a épargnés, traînent après eux les malheurs attachés à son sang. Hécube survit à son époux, mais pour voir un barbare roi de Thrace immoler son fils Polydore, et Achille encore sanguinaire après le trépas, commander le sacrifice de Polixène. Andromaque est forcée de souffrir les fureurs jalouses de la fille d'Hélène, et les vœux outrageans de l'héritier du meurtrier d'Hector. Cassandre, captive du roi des rois, l'accompagne pour être témoin des malheurs qu'elle a prédits. Les Grecs ne sont pas plus heureux que les Troyens. Agamemnon ne revoit Argos que pour périr sous le fer d'une épouse que son absence a rendu coupable. Cette tragédie en amène de nouvelles dans la même maison, force Electre à méditer lentement un parricide, et Oreste à consommer cet exécrable attentat. Ajax devient furieux et insensé. Palamède périt par les ruses d'Ulysse.

Indépendamment des sujets traités par Homère, l'histoire des temps héroïques défigurée souvent, agrandie par les fables, offroit une riche matière à l'épopée et à la tragédie. Le crime et l'infortune assiégent les

maisons royales de Thèbes et de Corinthe
comme celles d'Athènes et d'Argos. Œdipe, in-
cestueux, parricide, et pourtant innocent, fait
retentir le théâtre de ses plaintes et de son désespoir. Les fils nés de son funeste hymen
donnent lieu à de nouvelles horreurs, et leur
haine mutuelle ne s'éteint que dans leur sang.
Antigone et Isménie touchent autant par leur
piété, que Créon indigne par sa politique
barbarie. Médée aide par ses fureurs à vé-
rifier les menaces d'Œdipe mourant, contre
la race de ce prince impie. La maison d'Admète
présente l'exemple du dévouement le plus généreux, et le théâtre, après avoir retenti de tant
d'adultères, d'incestes, offre le doux spectacle
de l'héroïsme conjugal, et l'époux d'Alceste
est presque le seul monarque heureux que
nous offre la scène antique. Nous n'avons encore montré qu'une partie du riche domaine
sur lequel s'exercèrent Eschyle, Sophocle,
Euripide ; mais avant d'examiner le génie particulier de ces trois poètes, nous devons passer
aux autres causes qui ont dû influer sur leurs
talens et sur le choix de leurs productions. Le
naturaliste qui voit des plantes plus vigou-
reuses, des fruits plus beaux que ceux qui
croissent dans nos climats, scrute attentive-
ment le principe secret de ce phénomène de

végétation , et n'abandonne ses recherches que lorsqu'il désespère de découvrir quelque chose de satisfaisant.

Il n'est rien qui ait autant d'influence sur la poésie et l'éloquence, que les idées religieuses. Celles des Grecs, filles de leurs poètes, se prêtoient à tous les rêves de l'imagination, elles se montroient tour-à-tour gracieuses et terribles, également propres au merveilleux de l'épopée, à la majesté du cothurne, à la touchante simplicité pastorale, à la mélancolie élégiaque et au charmant abandon de l'ode voluptueuse. Figurez-vous un pays peuplé de divinités, où chaque fontaine, chaque fleuve, chaque détroit, chaque arbre, chaque plante même, retracent des mystères amoureux ou des catastrophes tragiques ; représentez-vous un fatalisme qui menace tout homme de devenir criminel sans être méchant , odieux sans être coupable ; des fleuves infernaux, un Styx ; un Achéron, des autels élevés aux Euménides, déesses avides de sang, qui menaçoient souvent les têtes les plus augustes ; de terribles oracles, que leur obscurité rendoit encore plus redoutables ; des prêtres aussi terribles qu'eux, faisant trembler les rois et désolant les peuples, disposant de la foudre céleste, de la peste et de toutes les calamités

qui peuvent affliger les mortels ; des prin-
cesses , des vierges innocentes immolées à
des déesses jalouses, ou égorgées sur la tombe
des héros et des rois ; des furies s'attachant
aux pas des coupables, leur offrant par-tout
l'image des enfers et les fantômes sanglans
de leurs victimes ; ajoutez à ces caractères religieux si sombres et si effrayans, un grand respect pour les tombeaux, qui rend capable de
tout tenter pour assurer à ses proches, à ses
compatriotes, à ses amis, les honneurs de la
sépulture ; une vénération sans bornes pour
l'hospitalité, sentiment combattu par la superstition toutes les fois qu'elle croyoit lire
au front du fugitif ou du voyageur l'empreinte
de la réprobation des dieux ; des dogmes nés
au sein de la barbarie et consacrés par l'orgueil,
qui faisoient un devoir religieux d'expier le
sang par le sang, le meurtre par le meurtre, de
frapper une mère pour venger un père, et vous
sentirez combien le paganisme offroit de res-
source à la poésie, à l'éloquence, à tous les
arts d'imagination.

Le climat, la situation du pays peuvent
aussi contribuer beaucoup à faire naître des
images et des idées sublimes : on sait que la
plupart des poètes anciens naquirent dans ces
îles riantes de l'Archipel grec que la fable em-

bellit de ses prestiges les plus séducteurs, ou dans
le voisinage de l'Attique. L'insulaire est constamment frappé par de superbes tableaux, de
vastes mers agrandissent ses pensées ; les tempêtes dont elles sont le théâtre, lui fournissent des peintures magnifiques, des comparaisons frappantes. Le commerce attire
dans ses ports les nations étrangères qui ap-
portent des richesses inconnues et des connoissances nouvelles. Il observe, il juge, il
compare ; avant d'avoir voyagé, il s'est fami-
liarisé avec les mœurs et les loix des nations,
avec des superstitions plus ou moins sombres, plus ou moins augustes. Peignez-vous
un pays où la nature se soit plu à varier les
formes, les accidens ; où l'on jouisse tour-
à-tour des aspects les plus rians et les plus
majestueux, où l'ame éprouve tour-à-tour
le ravissement et la surprise, où des monts
qui se perdent dans les nues, des forêts antiques appellent le recueillement et la méditation ; où des grottes, des fontaines, des
bocages, enfantent les rêves séduisans de
la mythologie ; et si, à tant de richesses phy-
siques se joint une température qui éveille,
qui varie les sensations ; des orages, des tempêtes, qui causent l'effroi du vulgaire, et
permettent aux poètes d'imputer aux dieux

irrités les convulsions de la nature, des volcans qui bouleversént la terre avec les feux
des enfers ; si sur les confins de cette terre
poétique, des animaux féroces et belliqueux
luttent avec l'homme, et des animaux indomptables assignent même les limites de son
pouvoir, créent des déserts autour d'eux,
restent indépendans d'un être qui reçoit des
fers de ses semblables et qui veut que
tout lui soit soumis ; en se retraçant un
spectacle aussi varié, aussi fertile en con-
trastes, on sentira facilement combien le
poète, le peintre, le statuaire devoient y
trouver de ressources, en tirer des situations
de tableaux, des fictions.

Les Grecs ne formèrent un peuple digne
de fixer les regards, qu'après l'invasion de
Xerxès ; et leurs ames agrandies par les périls
qu'ils avaient bravés, par les glorieuses victoires qu'ils avaient obtenues, éprouvèrent
cette noble inquiétude qui conduit à tous les
genres de gloire. Ils avoient eu un agresseur
injuste à repousser, une domination féroce à
éviter, des institutions augustes à défendre.
Ils prouvèrent que les guerres qu'on fait aux
petits états ne ressemblent point à celles qui
attaquent les grandes monarchies. Les premiers touchent de toute part à leur frontière ;

la perte d'une seule bataille condamne les citoyens à la mort ou à une servitude plus terrible que la mort. Dans les grands empires, quelques villes souffrent, le reste de l'état est tranquille ; quelques milliers de guerriers combattent, et la masse du peuple demeure souvent spectatrice indifférente du combat. Les guerres les plus sanglantes se terminent souvent sans rien changer au sort des peuples. D'ailleurs, dans nos constitutions modernes, tout se ressemble, à quelque petite exception près : on peut passer sous une domination étrangère, sans changer de lois ou de régime. Le même génie anime tous les princes. Une politique uniforme gouverne toute l'Europe. Mais dans l'antiquité, lorsqu'un monarque attaquoit une république, c'est-à-dire, lorsque le génie de la tyrannie conspiroit contre la liberté, c'étoit une guerre à mort ; il ne devoit rester aucun vestige, aucune trace d'une indépendance dont le spectacle outrageoit les rois et menaçoit leur pouvoir. Tel est le point de vue où il faut se placer pour croire aux prodiges qu'opérèrent les Grecs dans la guerre contre les Barbares. On vouloit détruire leurs lois, substituer des satrapes à leurs archontes, rendre une ombre de pouvoir aux fils de Pisistrate, et concentrer le pouvoir réel dans la cour de Persépolis. Le courage fut au niveau des dangers ; les talens furent proportionnés aux besoins, l'enthousiasme créa la valeur, le mépris de la mort, la soif de l'immortalité ; l'émulation fit naître des héros pour remplacer des héros, et les trophées de Miltiade produisirent des Thémistocle. L'ivresse de la victoire fut en raison de l'importance des résultats. Les Grecs se crurent les premiers hommes de l'univers, parce qu'aucun peuple n'avoit fait d'aussi grandes choses, et n'avoit combattu pour une cause aussi noble. Ils se crurent les seuls faits pour être libres, parce qu'ils étoient entourés d'esclaves. De-là cet orgueil national, principe des plus grandes actions ; sentiment propre à développer les plus sublimes talens et les plus grands caractères. De - là ces fêtes, ces solemnités si propres à nourrir l'enthousiasme. Après les journées des Thermopyles, de Salamine, de Marathon, de Platée, la Grèce offroit à chaque pas des trophées et des tombeaux de glorieuses victimes dont la cendre réclamoit de pieuses larmes ; des héros dont les saintes images commandoient le culte de l'admiration et de la reconnoissance. Le faste orgueilleux des princes de l'Asie cédoit à la simplicité républicaine, et les Grecs pensoient

que l'univers devoit se prosterner devant une
puissance qui avoit humilié les maîtres superbes des plus riches contrées du monde.
Tant de sujets de gloire enflammèrent le génie
des poètes, offrirent de riches tableaux à l'orateur, donnèrent à l'historien un caractère de
majesté sublime. La fiction sourit à l'orgueil
national; elle anoblit l'origine de chaque peu-
plade de la Grèce; elle enleva aux Egyptiens
l'honneur de lui avoir fourni ses premiers
habitans; elle n'eut point de peine à faire
croire à l'Athénien que la terre qu'il avoit
embellie, consacrée par tant de prodiges,
étoit son primitif berceau. On fit les dieux
complices de la vanité des hommes. La déesse
de la guerre et le dieu des mers se disputent
l'honneur de protéger Athènes : on rendit
l'institution de l'aréopage plus vénérable encore en l'attribuant à Minerve : Diane pro-
tége Oreste et Iphigénie pour enlever sa sta-
tue de la Tauride, et la soustraire au pouvoir
des Barbares. C'étoit dans la Grèce que les immortels sembloient se plaire davantage. Jupiter choisit des Grecques pour donner naissance à Hercule, le fléau des monstres; à
Castor et à Pollux, les héros de la tendresse
fraternelle; à Apollon, l'ornement du ciel et le
bienfaiteur des humains. Ce fut dans une île

grecque que Vénus sortit de l'onde : ce fut
dans une colonie grecque que Cérès enseigna
le premier et le plus utile des arts : ce fut
dans une île grecque que Minos, fils du maître des dieux, établit ses sages institutions.

En vain objectera-t-on que les Grecs ne
sont pas les seuls peuples qui ayent combattu
pour l'indépendance, qui ayent remporté, en
petit nombre, des triomphes sur des légions
innombrables. Les Suisses, les Bataves, eurent
leurs Thermopyles, leur Léonidas. Sans doute,
du côté de la valeur, les modernes purent égaler
les anciens ; mais leurs triomphes ne produisirent point d'aussi brillans résultats. D'ailleurs,
nous n'indiquons ici les victoires des Grecs,
que comme une des causes de leur supériorité dans les arts d'imagination ; mais il en
existe beaucoup d'autres encore. Pour que
l'arbre déploye de superbes rameaux, offre
des fruits délicieux, il ne suffit pas qu'il soit
ou dans le voisinage d'un fleuve, ou à l'abri
des tempêtes ; il faut encore que la douceur de
la température, que la chaleur du soleil favo-
risent sa végétation.

La législation donne à un peuple un caractère nouveau ; elle étend ses facultés, ou les
comprime ; elle en fait des nains ou des
géants ; elle les abaisse au niveau de la brute

ou les élève au rang des immortels. Le législateur est un dieu qui modifie la nature humaine, qui exerce sur elle le plus funeste ou le plus glorieux des empires. Aucun pays ne reçut de lois d'hommes aussi illustres que l'étoient les fondateurs ou les régénérateurs des divers Etats de la Grèce. La Crète s'honora d'un Minos, que la reconnoissance fit descendre du ciel, et que sa réputation d'équité fit regarder après sa mort comme le juge des enfers.

Il fut le précurseur, et en quelque sorte le maître de Lycurgue. Ces deux grands hommes ôtèrent à la nature humaine toutes ses foiblesses, et les remplacèrent par des vertus austères et sauvages. Lycurgue veut anéantir la cupidité en anéantissant les richesses. Il proscrit les affections les plus innocentes, les plus légitimes, les plus pures ; il fait presque un crime de l'amour conjugal, de l'affection paternelle ; il défend presque d'être homme, mais il ordonne d'être citoyen. Pithagore réforma quelques cités grecques, leur donna des lois fondées sur une philosophie douce, sociale, bienfaisante. Mais aucun de ces législateurs n'eut l'influence de Solon. Ce dernier créa un peuple passionné pour les arts et enthousiaste de la liberté ; voluptueux sans mollesse, et plaçant la gloire au-dessus de tous les biens. En établissant la démocratie, il exalta toutes les passions ; il força les hommes à se montrer avec leurs vertus et leurs vices, avides de pouvoir ou capables de tout sacrifier à l'indépendance. Par-tout où l'homme est très-libre, il est dans le voisinage de l'extrême vertu ou de l'extrême corruption ; il n'est médiocre ni dans le bien ni dans le mal. Dans cet état si favorable au développement de ses facultés, il ne craint qu'aucune puissance l'entrave ; il forme les projets les plus hardis ; rien de si élevé qu'il ne veuille atteindre. Il ressemble à l'aigle qui, par la hardiesse de son vol, se dégage des régions basses, échappe à la contagion d'un air impur, et se repose sur ces montagnes d'où l'on contemple toute la majesté et toute la magnificence de la création. Dans la démocratie, chaque citoyen se sent appelé à tous les honneurs et se rend digne d'y aspirer. Toujours inquiet sur ses droits qu'il craint de voir envahis, toujours éveillé sur les moyens de surpasser ses compatriotes, il redoute et la tyrannie qui le rendroit nul parmi des esclaves, et la parfaite égalité qui le rendroit incapable de briller parmi des hommes libres. Le gouvernement populaire est favorable à

tous les talens; on y chérit sur-tout le poète
qui, peignant les tristes catastrophes des maisons royales, soutient, ranime l'orgueil patriotique, déshonore l'esprit dominateur, retrace
avec les couleurs les plus fortes, les inquiétudes inséparables du pouvoir suprême. D'ailleurs, l'esprit de liberté chez les Grecs étoit
un sentiment pur; leur émancipation ne laissoit point de ces souvenirs douloureux qui
affligent les ames nobles, et qui les font rou-
gir de s'être associées par leurs principes à une
belle cause, trop souvent déshonorée par
d'affreux attentats. Plusieurs rois d'Athènes
avoient été les pères des peuples. Par-tout
ils s'offrent ou avec l'ascendant du génie ou
avec le caractère de la bonté. Thésée se dépouille d'une partie de son pouvoir, jette les
fondemens de la démocratie. Codrus se dévoue
pour son pays, et rend son trône si difficile à
remplir, que la reconnoissance et l'admiration
prononcent qu'il doit demeurer vacant. Admète, dans une contrée voisine, est près de se
sacrifier pour son peuple, et Alceste plus ver-
tueuse encore, lui en ravit le mérite. Les rois
grecs dans Homère, sont plutôt considérés
comme les pasteurs que comme les maîtres
des peuples. Les jardins d'Alcinoüs, la table
de Ménélas et d'Agamemnon, le vieux Laerte

s'occupant du soin de ses troupeaux , annon-
cent que ces princes sans faste, sans grandes
richesses , n'avoient point le triste avantage
d'opprimer. Aussi les tragédies dont les maisons royales d'Argos , de Mycène, d'Athènes
fournirent le sujet, prenoient leur source
dans les crimes et les malheurs domestiques ,
et non dans les excès de la tyrannie. Ainsi les
Grecs que le despotisme n'avoit point avilis ,
se trouvèrent tout-à-coup dignes de l'indépendance ; ils ne souillèrent point ses autels du
sang de leurs compatriotes ; mais ils sacrifiè-
rent aux dieux protecteurs de leurs Etats les
étrangers qui conjuroient leur ruine.

Cette bienfaitrice des humains (la Liberté)
à laquelle les Barbares rendent un culte sauvage, dont la plupart des peuples civilisés redoutent l'auguste empire , parce qu'elle exige
des efforts dont ils ne sont point capables ,
des sacrifices qui révoltent leur foiblesse, se
montra chez les Grecs avec une physionomie
moins austère que chez les autres nations ;
elle souffroit qu'on ornât son temple, qu'on
décorât ses autels; elle permit aux beaux arts
de s'associer à ses triomphes, d'emprunter
d'elle un caractère plus auguste, et Minerve ,
sans se dépouiller de son casque et de son
égide , consentit à se parer de la ceinture de

l'une des plus belles conceptions du génie du législateur d'Athènes. La tragédie n'osa également s'emparer de sujets récens. Eschyle seul fit sortir un roi barbare du tombeau , rappela la honte de Xerxès et la gloire de la journée de Salamine : l'histoire fut modeste et simple , en retraçant des actions qui tenoient du prodige, et la poésie lyrique ne prodigua ses images brillantes, ne fit éclater son sublime enthousiasme , son magnifique abandon, que pour agrandir les inutiles triomphes des vainqueurs à la lutte et à la course. Lorsqu'elle descendit de ce trône superbe , ce ne fut que pour prêter à la volupté les couleurs les plus séduisantes, les accens les plus gracieux ; mais elle fut avare de louanges envers des hommes que leurs succès rendoient assez dangereux , sans que la couronne poétique vînt combler leur ivresse , et les rendît capables de tout oser.

Aucune des causes que nous avons indiquées jusqu'ici, ne dut avoir autant d'influence sur les talens, que ces majestueuses solemnités, qui rassembloient dans le même lieu tous les peuples qui se donnoient la même origine, parloient la même langue, adoroient les mêmes dieux, avoient eu des intérêts communs et de communs triomphes. Ces reu-

Vénus. Les Grecs savoient unir à cette imagination qui relève, qui agrandit les plus petits
objets, cette belle et noble simplicité qui présente sans faste les plus grandes actions, qui
les indique plutôt qu'elle ne les raconte. Quelques pierres rangées sans ordre étoient le seul
monument qui rappelât Léonidas et les Thermopyles ; une inscription aussi simple disoit
à des hommes libres tout ce qu'ils avoient besoin de savoir ; elle leur apprenoit que leurs
ancêtres avoient versé leur sang pour la défense des lois ; tant que la Grèce fut libre,
on fut prodigue de vertus et avare d'éloges,
de distinctions, de priviléges. Thémistocle
obtint à peine une place distinguée dans le
tableau qui retraçoit les victoires qui avoient
sauvé l'état. On craignoit tellement d'enorgueillir des citoyens aux dépens de l'égalité,
que malgré l'enthousiasme qu'excitèrent les
journées de Marathon, de Platée, de Salamine, l'épopée continua de rajeunir des fables
antiques, d'embellir des traditions menson-
gères. Les guerriers qui combattirent à Troie
eurent un Homère, et Miltiade et Cimon n'en
eurent point. Si la poésie avoit trop exalté
les héros grecs qui avoient combattu pour la
république, cette apothéose, la plus glorieuse
de toutes, eût anéanti l'effet de l'ostracisme,
l'une

nions augustes devoient leur naissance à la politique la plus profonde et à la plus ingénieuse prévoyance ; elles tendoient à détruire les préventions, les haines particulières ; à confondre l'esprit des associations privées dans l'esprit de la confédération générale; elles se lioient aux plus grands événemens, aux plus grands souvenirs, il sembloit que les dieux et les héros les honorassent de leur présence ; elles joignoient les illusions les plus ravissantes aux plus sublimes réalités ; malgré leur aversion pour les peuples libres, les rois briguoient l'honneur d'y conquérir les suffrages; Hyéron y obtint plus d'un triomphe, et l'odieux Denys y dévora plus d'un affront. Les Grecs vengèrent, en l'humiliant, les outrages faits à la liberté de la Sicile. Philippe, l'ambitieux Philippe attachoit le même mérite à une de ces victoires qui avoit eu les Grecs pour juges, qu'à la défaite d'un ennemi puissant, et en ressentoit autant de joie que de la naissance d'un fils. Cimon, si célèbre par ses victoires, fit des dépouilles des Barbares le plus noble emploi, en instituant ces combats d'esprit, ces luttes glorieuses du talent, qui laissoient des impressions bien plus fortes, bien plus durables que celles qu'excitoient les exercices du corps, les courses des chars, les barbares

efforts des athlètes. Les prix que proposa cet
illustre guerrier, le vaste théâtre où l'on pro-
clamoit les vainqueurs, le mérite éminent des
juges, produisirent la plus heureuse émulation; le poëte, l'orateur, l'historien recevoient,
au milieu d'un grand peuple et d'après son
suffrage, le tribut de l'admiration et de la recon-
naissance. Souvent d'honorables emplois con-
férés par la république à laquelle le triompha-
teur appartenoit, ajoutoient à l'éclat de ses
couronnes littéraires ; la gloire du grand
homme n'étoit point renvoyée jusqu'après sa
mort, il en jouissoit long temps, et n'éprouvoit
point ces inquiétudes qui ont flétri l'existence de plusieurs modernes illustres, que
la cabale priva des jouissances de la renommée; qui moururent mécontens d'eux-mêmes, abreuvés de dégoût, souvent frappés
de désespoir, parce que leurs contemporains
n'avoient point prévenu en leur faveur le
témoignage de la postérité. Les jugemens qui
émanoient des solemnités de la Grèce étoient
toujours justes, toujours équitables ; un enthousiasme pur, un goût élevé, une ame sensible, distinguoient les habitans de cette heureuse contrée. Une multitude, d'ailleurs, juge
comme elle sent; elle ne connoît ni les misérables impressions de la jalousie, ni la haine des

succès brillans, ni la crainte de cette supériorité
qui appartient au génie. Encouragés par d'illustres suffrages, le poète, l'artiste soupiroient
après de nouveaux succès; l'image des théâtres
brillans de l'Elide, d'Olympie, les suivoit dans
leurs retraites; le bruit des applaudissemens
qu'ils avoient obtenus retentissoit à leurs
oreilles dans la solitude, nourrissoit leur ardeur, les rendoit infatigables par le sentiment
de la reconnoissance et par le besoin d'accroître
leur renommée. Avec des institutions semblables, on ne verroit point l'indigence, l'obscurité
étouffer ou dénaturer le génie, lui interdire,
à moins d'une grande force d'ame, le plus glorieux de ses attributs, le droit auguste d'éclairer les hommes, de protéger l'infortune contre
les coups de l'oppression, de faire retentir aux
oreilles des grands le cri des foibles, les plaintes
des malheureux, de prêter une langue à ceux
qui n'en ont point, et d'offrir des consolations
à ceux que l'injustice accable et qu'un monde
pervers abandonne; d'être l'éternel défenseur
de ceux qui ne peuvent se défendre. Né grec,
le sensible Torquato n'eût point vu le chagrin
flétrir sa brillante imagination : un peuple
d'admirateurs l'eût garanti des persécutions
que lui suscitèrent les foiblesses d'un innocent
amour. Le chantre de Vasco de Gama n'eût

point vécu sans protection, sans asyle, sans ami, sur une terre illustrée par ses accens immortels ; Milton n'eût point vu l'opprobre assiéger son auguste vieillesse ; on n'eût pas attendu, pour le mettre au rang des grands génies, que sa dépouille mortelle fût descendue, sans honneur, dans la nuit du tombeau. Jeune homme, qui te sens fait pour honorer l'espèce humaine par des productions nobles et hardies, hésite long-temps avant de t'exposer sur une mer semée de bancs et d'écueils, et féconde en naufrages. Te sens-tu capable de braver l'indigence, de mépriser l'arrogant dédain de l'opulence imbécille, d'adoucir, par les riantes illusions de la gloire, les tourmens d'une déplorable existence ; réfléchis, conçois, exécute, achète au prix du repos, des jouissances de la vie, le privilége de régner dans tous les siècles sur toutes les ames sensibles, de conquérir la plus belle et la plus durable des dominations. Mais recevras-tu le dédommagement de tes veilles ; ton cœur éprouvera-t-il des consolations qui balancent les chagrins qui l'auront ulcéré ? Le vulgaire trouve sans effort tous les biens que la nature accorde à l'homme ; mais ceux que tu recherches sont d'une conquête plus difficile. La voix de tes détracteurs aura troublé tes jouis-

sances les plus pures et les plus innocentes,
et tu auras rarement entendu le langage tou-
chant de ceux qui eussent pu te consoler,
qui auront osé te défendre ; tes ennemis auront fait rugir autour de toi les hurlemens
de la fureur, mais tu auras joui rarement du
plaisir de voir répandre ces douces larmes
qu'un livre éloquent fait couler du cœur,
d'être le témoin de ces transports qu'une ame
forte communique à celles qui lui ressemblent:
le cri du méchant retentit à une grande distance, il a beaucoup d'échos, mais la voix
qui console l'infortuné , ne perce qu'une
petite enceinte; le murmure criminel de l'envie l'étouffe en naissant. Ainsi le zéphyr qui
porte sur ses ailes pures les parfums qui s'ex-
halent des fleurs du matin, n'étend guère sa salutaire influence au-delà des parterres qu'elles
colorent; mais le vent qui entraîne les exhalai-
sons pestilentielles qui se forment sous le ciel
enflammé de l'Orient, porte souvent de région
en région , de climats en climats, les germes déplorables du plus terrible des fléaux, les tristes
semences de la mort la plus affreuse. Si l'im-
pulsion de ton génie te force d'être un grand
homme, il te donnera le courage de tout braver ; si la calomnie t'outrage, si ton siècle te
méconnoît, si tes yeux mourans ne font qu'en-

trevoir le soleil de l'immortalité, ta cendre recevra des hommages qu'on t'a refusés vivant, et ton modeste tombeau sera plus honoré que celui des grands du monde; si des sacriléges osent outrager ta mémoire, la voix de la reconnoissance, de l'admiration sera beaucoup plus forte que leurs clameurs basses ou mercenaires.

Malgré cette foule de causes favorables au développement de la pensée, le nombre de génies éminens ne fut pas encore très-considérable dans la Grèce; mais ce petit nombre d'esprits supérieurs fournit des modèles à toutes les nations, ouvrit des routes jusqu'alors inconnues, créa tous les arts, et les porta presque tous au plus haut point de perfection. Homère fut le seul qui excella dans l'épopée. Trois poètes seulement, tous trois distingués, mais avec des caractères différens, firent retentir par un éclat soutenu, le théâtre de leurs accens mâles et pathétiques. Ceux qui essayèrent de les imiter ne les suivirent qu'à une grande distance. Le premier s'offre avec une stature colossale; mais une physionomie sombre et farouche, qui excite la terreur, qui commande l'effroi; il excelle à peindre des scènes de carnage, à faire parler les remords, à faire agir les furies et les dieux des enfers; peu fidèle aux règles de la vraisemblance, mais, interprète heureux des passions, en blessant le goût, il saisit, il étonne l'imagination. Le second, avec une taille plus rapprochée des formes ordinaires, offre un aspect plus doux; la majesté respire sur son front, sa physionomie animée, mobile, exprime tous les sentimens : on y lit tour à tour le désespoir légitime d'Œdipe, la tendre compassion d'Antigone, la douleur véhémente de Jocaste et de Déjanire, l'éloquente indignation de Philoctète. Le troisième ne paroît ni avec la physionomie sombre et terrible du premier, ni avec la majesté du second; mais il les égale tous deux par le pathétique de ses tableaux, par l'art d'émouvoir la sensibilité, par la sublimité de ses maximes. Eschyle trouva la scène tragique informe, il ne la dépouilla point entièrement de ce caractère sauvage qui retraçoit son origine récente. Il prit au milieu des combats ce caractère martial, cette énergie qui distingue ses vers, et dans une démocratie naissante, les idées fortes et sublimes qu'il met dans la bouche de Prométhée puni par les dieux pour avoir voulu éclairer les hommes, les bravant encore au milieu des supplices, et refusant le pardon qui lui étoit offert au prix d'une résignation pusillanime. Une énergie presque aussi sublime se manifeste dans le drame patriotique où il force les mânes de Xerxès à décerner à ses vainqueurs , la plus glorieuse des apothéoses. Il se montre aussi bon citoyen que poète habile , lorsqu'il intéresse Minerve à la conservation de l'aréopage menacé par l'ambition de Périclès, institution dont la ruine devoit entraîner celle d'Athènes. Sophocle atteignit la perfection sans paroître la chercher; il eut la simplicité , la grandeur d'un homme qui ne regarde comme beau que le langage que la nature inspire. Peintre aussi habile qu'Homère , aussi éloquent que lui, il eut à rendre les rois intéressans aux Grecs qui avoient proscrit la royauté ; il eut à faire supporter le rôle d'Electre , qui prépare avec le calme de la réflexion , un exécrable parricide , qui élève un enfant pour consommer le plus affreux des crimes , avec plus de soin , plus d'inquiétude qu'on ne le formeroit pour les plus augustes vertus. Le sujet le plus simple s'agrandit sous son pinceau. Un roi malheureux qui cherche un asyle et enfin un tombeau; des femmes pieuses qui veulent ensevelir leurs frères; un héros qu'une injustice rend insensé et furieux; un demi-dieu que la jalousie de son épouse fait périr au milieu des plus affreux supplices, un guerrier abandonné dans

une île déserte, fournissent à ce fécond génie
le moyen de captiver les cœurs, d'élever les
ames, d'inspirer aux petits de la pitié pour
les infortunes des grands. Sophocle ne paroît
point philosophe; mais il a la philosophie des
poètes, celle qui scrute les passions humaines,
qui les peint avec vérité, celle qui retrace la
superstition avec leurs funestes résultats.
Quelle doctrine plus tragique et plus épouvantable que celle du fatalisme, qui forçoit de
haïr les dieux, et d'absoudre les plus grands
criminels, qui présentoit le monde comme
un théâtre où des divinités jalouses exerçoient
sans cesse leurs fureurs, où l'innocence ne
donnoit pas plus de sécurité que le crime,
où tout spectateur des infortunes d'Œdipe pouvoit craindre un sort semblable. Euripide s'é-
loigna de cette belle simplicité; il fut quelquefois irrégulier comme Eschyle ; il défigura
souvent ses plus belles productions par
un merveilleux bizarre ; il a beaucoup de
défauts que nous exagérons peut-être, tan-
dis que par la même raison nous ne pouvons
saisir toutes ses beautés; il est grand peintre;
il est éloquent; il est pathétique; il a fait des
émules, et l'on a fait des chefs-d'œuvre en
l'étudiant et en l'imitant. Tout ne nous paroît
point parfait chez les tragiques Grecs, tout

ne l'est point sans doute, la perfection absolue n'est point faite pour l'esprit humain.

Mais gardons-nous de les condamner sur des peintures qui révoltent notre sybarite délicatesse. Ils peignoient des hommes près de la nature, terribles dans leurs exploits, violens dans leurs passions, ne connoissant de loix que la force, trouvant dans leurs superstitions des motifs et des exemples de cruauté. Figurez-vous un peuple à demi-sauvage; les Grecs étoient tels à l'époque où leurs poètes tragiques les ont peints. La fidélité conjugale, la piété, la générosité cèdent aux besoins des sens. La jeunesse, la beauté deviennent la récompense du vainqueur; le respect pour l'hymen, le respect pour l'innocence ne sont point des obstacles aux desirs; des héros indomptables ne mettent aucun frein à leurs passions, et les attentats de la volupté produisent les excès de la vengeance. De-là les scènes qui souillèrent les maisons de Thieste, d'Atrée, d'Agamemnon.

La Grèce donna naissance à une foule de poètes lyriques. Un petit nombre célébra les combats et les dieux; un plus grand nombre chanta la volupté. Le plus célèbre d'entre eux, celui dont Horace comparoit les émules téméraires et malheureux au fils de Dédale,

44

Pindare dut sa gloire aux jeux olympiques de la Grèce ; ces exercices du corps, si peu impor-tans dans leur objet, qui ne supposoient dans les vainqueurs ni des talens bien estimables, ni des vertus bien utiles, fournirent à ce chantre fécond les richesses les plus variées, les images les plus sublimes : point de petit sujet qu'il ne sût agrandir, point de petit détail qu'il ne sût féconder. Si le héros a des aïeux, il ajoute leur gloire à la sienne ; s'il manque d'ancêtres illustres, il suffit qu'il soit né dans une ville célèbre, dans une ville qui ait eu des grands hommes ou des dieux pour fondateurs ; il renouvelle leur mémoire, il leur élève de nouveaux autels, il associe toutes les cités qui aiment la gloire à la gloire de la Grèce. Pindare se montre même philosophe dans un genre très-peu philosophique ; il exalte la vertu, la justice ; il menace les criminels du courroux des dieux ; la magnificence de ses tableaux, la richesse de ses comparaisons, le feu qui l'anime constamment, prouvent que le soleil de la Grèce étoit pour les esprits comme la température des belles contrées de l'Inde pour la végétation, qu'il leur donnoit une force et un éclat extraordinaires. Simonide se signala dans la même carrière que Pindare, et les dieux qu'il célébra aux dépens d'un

athlète , se chargèrent du soin de sa vengeance ; mensonge heureux, pour relever un
art dont les puissans invoquent souvent le
secours, mais dont ils connoissent rarement le
prix. Nous ne parlerons point des triomphes
de Corine, dont les titres sont perdus ; de l'influence de Tirtée, que l'histoire nous garantit ;
du génie d'Alcée, tour-à-tour pontife de Mars
et adorateur de Vénus. Anacréon n'employa
les courts instans de réveil que lui permettoit
la volupté, dont il fut le constant esclave, que
pour en peindre les attraits séducteurs, que
pour la rendre plus aimable, que pour se
donner des complices. Sapho se fit plaindre
lors même qu'elle parut coupable; elle parloit
le langage vif, passionné de la nature, lors
même qu'elle l'outrageoit. Tous les lyriques
grecs eurent du génie, si l'on s'en rapporte
aux éloges et aux imitations des Latins, pour
juger ceux que nous avons perdus. Mais la
plupart conspirèrent contre les mœurs, furent
les fléaux de la vertu ; aussi plusieurs d'entre
eux, nés dans les républiques, s'en éloignèrent,
cherchèrent une température politique plus
riante, des juges moins exigeans, des mœurs
moins sévères : Anacréon coula sa paisible
existence à la cour d'un prince. Le despotisme
frappe, opprime les caractères indomptables; il

caresse les talens faciles , il s'attache les génies complaisans. Les vents furieux qui s'échappent des prisons du nord, et qui viennent désoler nos climats, renversent les arbres les plus majestueux , et semblent se jouer avec les fleurs de nos jardins. Simonide et Bachilide charmèrent les ennuis et adoucirent les fureurs d'Hyéron de Syracuse. Flatteur des Ptolomées, Calimaque mit au rang des astres la chevelure de Bérénice. Il est impossible, nous le répétons, en lisant ce qui nous reste des lyriques grecs, de n'être point frappés de surprise de voir que les véritables héros, que les libérateurs du pays n'y soient point célébrés ; qu'on y exalte un Hyéron de Syracuse, et qu'on y oublie les défenseurs de Sparte et d'Athènes. Si de grands poètes chantèrent les victoires de Miltiade, déplorèrent l'exil d'Aristide, la fin tragique de Thémistocle, vantèrent les trophées de Cimon, et le généreux emploi qu'il fit de ses richesses ; leurs dythyrambes patriotiques, leurs odes républicaines, n'ont point échappé à l'injure du temps. Nous avons une partie des productions lyriques qui furent prostituées à la flatterie, consacrées au plaisir; nous avons perdu celles que dictèrent la pure reconnoissance, l'esprit de liberté, l'amour de la vertu, la généreuse compassion. Ainsi des

tremblemens de terre ou d'autres convulsions
de la nature , renversèrent les temples des
dieux, les demeures qui offrent un asyle à l'en-
fance, à la vieillesse, à tous les âges de la vie ; et
respectent quelquefois ces jardins, ces bos-
quets construits pour servir de retraite à la
mollesse, d'asyle à la volupté.

Une colonie fondée par des Grecs, et qui
retint l'esprit de ses fondateurs, qui reçut des
descendans d'Hercule le courage et la valeur;
des Corinthiens, le goût des plaisirs et des arts;
des Phéniciens , le génie du commerce, la Sicile eut des grands hommes dans tous les
genres , et donna naissance aux simples et tou-
chans tableaux de la vie pastorale, tableaux
si vrais, si séduisans chez les anciens, si dé-
nués d'intérêt chez la plupart des poètes modernes. Dans Théocrite, on voit des bergers
dont la simplicité n'a rien de grossier, qui
nous attachent aux plus petits détails, qui nous
font chérir et même envier leur condition. Ce
sont des hommes qui ont peu de besoins, qui
échappent, par leur obscurité, à la tyrannie
des grands du monde, et, par leurs mœurs, à
la tyrannie morale de l'opinion; que la vanité
ne tourmente point, qui n'ont ni les embarras
de la richesse, ni les soucis de la pauvreté;
que l'amour captive avec douceur, et qu'il

rend toujours heureux. C'est dans cette île fortunée que la poésie pastorale devoit naître plus naturellement. Là, de belles nuits succédoient à des jours constamment beaux; là, des fleuves, des fontaines arrosoient par-tout une terre riante et féconde. Une fertilité constante autorisoit la fable qui en faisoit le berceau d'une déesse, dont les cérémonies, selon la pensée du plus grand des orateurs, renfermoient les mystères de la naissance de l'homme, et lui enseignoient à se soumettre à des lois, adoucissoient son caractère, l'engageoient à quitter la vie errante et sauvage, pour cultiver les campagnes et pour peupler les villes. Ce pays, si favorisé de la nature, si propre à rendre ses habitans heureux, fut constamment le théâtre des plus terribles dissentions civiles. Le voisinage de l'Etna fut moins agité par le feu des volcans, que les villes de Léonte, d'Himère, d'Agrigente, de Syracuse, par l'ambition de quelques hommes qui ne pouvoient souffrir la liberté, et par la licence d'un peuple qui étoit incapable d'en jouir. Cette situation orageuse des villes devoit offrir plus d'attraits à la vie pastorale, les palais, les places publiques, les temples étoient souvent inondés de sang, chargés de victimes ; mais la douce paix reposoit sous les toits champêtres. Le bonheur

des

des bergers au sein d'un pays agité par d'éternelles dissentions, pouvoit se comparer à la fontaine d'Aréthuse, qui couloit au travers de la mer de Sicile sans contracter l'amertume de son onde. Théocrite fut pour la poésie pastorale ce que fut Homère pour la grande poésie; l'un nous fit admirer ses héros malgré leurs passions indomptables, leur sauvage férocité; l'autre rendit ses bergers aimables malgré leurs mœurs agrestes et le cercle étroit de leurs occupations et de leurs plaisirs. Aussi le chantre de Mantoue, qui avoit encore plus de finesse de tact que de profondeur de génie, se montra-t-il tour-à-tour l'heureux imitateur du peintre de la vie champêtre et du peintre éloquent des désastres de Troie. Le temps a moins ménagé les productions du génie sicilien que celles que virent éclore les autres contrées de la Grèce. Empédocle ne nous seroit connu que comme un martyr de l'indomptable curiosité, si les écrits de ceux qui ont célébré ses talens avoient péri comme les siens : il ne nous reste aucun ouvrage du célèbre comique Epicharme, ni de Bachilide, ni de Philistus qui écrivit l'histoire comme Thucydide, mais qui fut le complice et le défenseur d'un tyran et le martyr de son indigne affection. Qu'est devenue cette Sicile jadis si fameuse ? elle prospéroit autrefois au milieu des dissentions ; une seule de ses villes, quoique souvent inondée de sang, quoique souvent dépeuplée par la rage des guerres civiles, contenoit plus d'habitans que n'en offre aujourd'hui l'île entière ; mais alors la mythologie grecque élevoit par-tout des temples, appeloit par-tout le génie du peintre, du statuaire, éveilloit par-tout le goût des arts et le goût du plaisir. Quelques jours de liberté paisible réparoient tout le mal que lui avoit fait ses tyrans et ses démagogues ; elle luttoit et contre des ennemis domestiques et contre des ennemis étrangers, et sortoit triomphante de ces luttes terribles.

Maintenant elle est tranquille, mais elle est constamment plongée dans un sommeil léthargique ; elle languit, elle périt dans un calme qui ressemble au silence de la mort, sous un pouvoir sans énergie, sous des superstitions dégradantes ; et cette île, qui faisoit la gloire de la Méditerranée, n'appelle plus qu'un sentiment d'admiration pour son état ancien et un sentiment de pitié pour ses habitans actuels.

On a beaucoup vanté l'influence de Périclès sur les beaux arts : il bâtit des théâtres, il fit faire des tableaux et des statues, il éveilla

tous les talens par des honneurs et des libéralités; mais tout en favorisant les arts, il en
prépara la ruine, en altérant par degré l'esprit d'indépendance, en habituant ses compatriotes au luxe qui commence par inspirer
des idées fausses de grandeur, qui rend
l'homme esclave de puériles fantaisies, et qui
finit par tuer le courage, l'honneur, la vertu.
Il fut le précurseur d'Alcibiade, qui arma les
Grecs contre les Grecs ; d'Alcibiade, dont la
Sicile, Sparte, la Perse, la Thrace, virent pro-
mener tour-à-tour l'ambition inquiète, les
funestes talens, le coupable incivisme. Un
gouvernement riche et corrupteur peut commander au ciseau d'un Phidias, au pinceau
d'un Zeuxis ou d'un Appelle; il peut employer
le génie qui existe, mais il ne peut le faire
naître. Périclès ne fit rien pour les arts d'imagination, ils existaient avant lui; quelques-
uns fleurirent malgré lui. D'illustres tragiques
fixèrent par d'ingénieuses allusions l'examen
public sur sa conduite; des comiques hardis
appelèrent la censure sur ses funestes amours,
sur ses funestes guerres, sur son éloquence
séduisante et liberticide. L'architecte, le statuaire ont besoin d'une puissance qui les pro-
tège; mais cette protection est inutile au poète,
sa tête lui fournit tous les secours qui lui

sont nécessaires; il n'attend point, comme l'artiste, qu'on tire le marbre de la carrière ou l'or de la mine.

Ceux dont le génie a le plus honoré l'espèce humaine dans les arts d'imagination, ont vécu étrangers à la faveur des princes. Leur protection a plus dénaturé de talens qu'elle n'en a servi. L'indépendance doit être la compagne du génie, et le grand homme qui veut être protégé, est forcé de vendre à la faveur ses plus beaux titres de gloire. Homère vécut loin des cours. Milton était pauvre, proscrit, lorsqu'il fit l'ouvrage qui a rendu son nom immortel. Le Tasse, le Camoëns ne s'apperçurent de l'existence des grands, que parce qu'ils en furent opprimés. Richelieu encouragea des esprits médiocres, paya chèrement des talens ridicules, et arma la médiocrité jalouse contre le premier chef-d'œuvre du premier tragique français. Les libéralités royales éveillèrent-elles l'imagination brillante, originale, de La Fontaine; et Molière en eut-il besoin pour peindre les vices des courtisans, la sottise des bourgeois, la souplesse et les basses intrigues des nobles? L'administration brillante, mais astucieuse, de Périclès, prépara seulement les efforts et les nobles et grands mouvemens de l'éloquence; en portant

atteinte aux lois ; il ménagea de loin le triomphe de successeurs audacieux ; et l'orateur
inutile, quand le peuple est heureux, devient
le plus utile des citoyens, quand l'ambition,
la cupidité, la soif du pouvoir, travaillent à
la ruine de l'Etat. Avant Périclès, l'éloquence
n'étoit encore qu'un talent frivole, que l'art
d'orner d'une vaine pompe de mots, de sté-
riles pensées, qu'un exercice froidement aca-
démique. Gorgias revêtoit le squelette d'une
esclave de la robe d'une reine ; il couvroit la
pauvreté de ses idées d'un vain luxe d'expressions. L'orateur n'est point l'homme qui com-
passe artistement des mots, mais celui à qui
de grands intérêts inspirent de grandes passions. Il ne cherche point à flatter l'oreille par
une vaine harmonie de sons, mais à remplir
l'esprit et le cœur par de grandes et sublimes
pensées. Ce n'est point un prêtre de Vénus
qui sème de roses le parvis du temple, qui
orne l'autel de guirlandes, mais un pontife de
Jupiter qui dispose à son gré de la foudre du
maître des dieux. L'éloquence est fille de la
liberté, mais elle ne déploye l'énergie d'une
vigoureuse jeunesse que lorsque sa mère ap-
proche du tombeau ; elle embellit son déclin,
elle honore ses derniers jours, elle lui prête
même un éclat supérieur à celui de son ado-

lescence ; mais elle ne lui survit point long-
temps , elle fait entendre quelques accens sublimes après sa mort ; mais elle ne tarde point
à s'ensevelir avec celle qui lui donna la vie.
Qu'eût fait ton éloquence énergique, Démosthène, au siècle des Aristide , des Cimon , des
Miltiade ? Alors on servoit la patrie, on ché-
rissoit l'indépendance , on frémissoit à la seule
idée d'une domination étrangère ; il ne falloit
point ranimer des lâches, réveiller des indiffé-
rens , conjurer des perfides ; alors, l'ingratitude du peuple pouvoit frapper quelque per-
sonnage illustre ; mais les proscrits étoient sans
fiel, sans desir de vengeance. Ils portoient
par-tout la patrie dans leur cœur ; ils la bé-
nissoient encore lorsqu'ils avoient droit de
la maudir. Thémistocle peut effacer tous les
satrapes de l'Asie ; celui qu'on appeloit le
grand roi , se félicite de l'honneur de possé-
der l'illustre guerrier, et veut enlever à ses
ennemis une affection dont il est jaloux.
Le faste des barbares éblouit les regards de
l'Athénien, sans enivrer son ame ; entouré
d'esclaves, il rougit de honte, il frémit d'indignation ; où les monarques sont des dieux ,
il craint de cesser d'être homme. Il ne peut
être heureux à Persépolis , au milieu des
plaisirs et des richesses ; il ne peut revoir

Athènes, qui a puni ses talens et ses services.
Il se donne la mort, et ce généreux suicide
est encore un hommage qu'il rend à la liberté
grecque. S'il avoit pu descendre de la dignité
de citoyen d'Athènes au rôle de satrape perse,
il eût pu attendre, au sein des voluptés, une
paisible vieillesse; mais l'histoire l'eût flétri;
en devançant le terme de sa carrière, le génie
de la gloire, le génie de l'indépendance ap-
plaudirent à sa mort, comme à la plus belle de
leurs victoires. Pour déployer cette éloquence
foudroyante qui étoit plus l'ouvrage de ton
ame que l'ouvrage de ton génie, il te falloit,
ô Démosthène! des coupables à poursuivre,
des citoyens pervers à signaler. Seul tu semblois prévoir les maux qui devoient naître
d'une honteuse corruption; presque seul tu
semblois par tes vertus digne de les redouter. Philippe étoit un protecteur pour des esprits incapables de prévoyance, un ami pour
des traîtres; mais il étoit pour toi le fléau des
ames généreuses, l'ennemi des institutions
les plus augustes, et le destructeur de la
Grèce. Le premier pas qu'il fit t'annonça
la marche qu'il devoit suivre. Tu vis dans
l'attaque d'Amphipolis la ruine de la liberté publique. Tu devançois par ta sublime
prescience, les conquêtes d'Alexandre; tu

voyois de loin la Grèce chargée de chaînes par ses lieutenans, moins grands, moins généreux que lui ; tu voyais Antipater étouffer le génie de l'indépendance dans le sang de ses plus intrépides défenseurs, et Démétrius, fils d'Antigone, insulter aux lois, aux mœurs, aux dieux d'Athènes, et plonger cette ville célèbre dans les derniers excès du malheur, en la forçant aux derniers excès de l'avilissement : tu mourus comme Thémistocle, mais moins heureux que lui ; ses derniers soupirs furent pour sa patrie, libre et florissante, et ta mort fut l'ouvrage du noble désespoir d'un citoyen qui n'a plus de patrie.

Les philosophes, comme les orateurs, ne parurent que lorsque la Grèce se précipitoit vers sa ruine. On ne réfléchit sur les tristes effets du vice, que lorsque la vertu n'a plus qu'un petit nombre d'autels et d'adorateurs. Il y eut avant Socrate des hommes vertueux par devoir, d'autres par ostentation, par amour de la renommée. Le maître de Platon fut aussi celui d'Alcibiade et de Critias ; l'un porta les coups les plus terribles à la Grèce, l'autre inscrivit son nom sur la liste des tyrans d'Athènes. Platon sut prêter à la philosophie le langage de l'imagination. Presque aussi grand peintre qu'Homère, il ne parut l'ennemi des poëtes

que pour déguiser le plaisir qu'il prenoit à les
imiter. Né dans un autre pays, il n'eût point
acquis cette étendue d'idées, cette variété de
connoissances morales, cette profondeur de
réflexion qui rendent ses livres le manuel des
penseurs et des politiques. La Grèce étoit un
petit univers ; une seule ville y offroit en dix
ans plus de scènes intéressantes, plus d'orages,
plus de mouvemens, plus de grands caractères
que toute l'Asie en dix siècles. Dans un autre
pays eût-il décrit avec autant de vérité les révolutions que subissent les gouvernemens po-
pulaires, les causes qui produisent le despotisme, et qui le nécessitent ? On ne peint bien
que les événemens dont on est le témoin , et
les véritables leçons du génie ne sont que les
résultats de l'expérience. Un autre qu'un Grec
eût-il employé d'aussi sublimes allégories pour
nous peindre le bonheur des justes, le supplice des méchans, la cause de la distinction
des sexes, l'origine de l'univers, le peuple
créateur des arts disparoissant du monde
après l'avoir embelli ? Le disciple de Socrate
emprunta quelquefois le ton imposant des
oracles, le caractère de l'enthousiasme ; il sut
être tour-à-tour sublime et gracieux ; il fit
éclore des roses et des myrthes sous les arbres
majestueux de l'académie ; il fut l'Homère

des philosophes, et il eut, comme ce grand poëte, l'avantage de ne point être surpassé.

Nous n'examinons ici que l'effet que produisit sur les imaginations le climat de la Grèce, son gouvernement, ses institutions politiques. Ces deux dernières causes ont bien plus d'empire que la première ; la nature a fait presque par-tout un mélange égal de biens et de maux ; elle élève dans les forêts du nord ces arbres majestueux qui aident leurs habitans à supporter des hivers éternels. Elle rafraîchit par des vents salutaires, les feux du tropique ; où la terre est stérile, elle rend les mers abondantes ; où l'homme est entouré des richesses de la nature, il est indolent. Il jouit sans efforts, lorsqu'il recueille sans peine. Dans les lieux où la mère commune se montre avare, l'industrie humaine répare ses rigueurs. Un bon gouvernement peuple des lieux que la nature sembloit condamner à la solitude ; il élève un temple aux arts et à la liberté sur le sol ingrat de l'Attique ; des Phocéens abordent dans un canton stérile de la Gaule, et Marseille égale bientôt Carthage en activité, Tyr et Sidon en industrie, et appelle les sciences qui fuient de Rome à l'aspect farouche des Tibère, des Néron ; des institutions libres embellissent les rochers sauvages de l'Helvétie, peuplent les marais de la Hollande, et offrent un asyle riant aux muses sous le ciel nébuleux d'Albion. Quelques peuples ont brillé par la guerre, ont frappé les ames par l'éclat des conquêtes ; mais cette gloire s'affoiblit : celle que procure les arts se soutient en dépit de toutes les révolutions. La Grèce n'est plus grande que par des souvenirs. On cherche Athènes dans ses ruines. On ne retrouve point Corinthe dans ses palais, dans ses temples, mais dans sa situation géographique ; car les productions de la nature ne s'altèrent point aussi rapidement que celles des hommes. Sparte et Thèbes ne conservent rien, ni du génie de Lycurgue, ni de la valeur de Pelopidas et d'Epaminondas ; les murs, les remparts, les champs de bataille ont disparu ; mais ce qui honore l'homme dans tous les siècles , ce qu'il crée de plus innocent, ce qu'il peut transmettre à la dernière postérité, assure à la Grèce un empire immortel. Que sont devenus ces Perses, qui dominoient sur tant d'États, qui par le sceptre de leurs rois frappoient l'Orient de terreur ? ils n'ont laissé d'autre souvenir que celui de leurs dissolutions, de leurs guerres toujours injustes et souvent malheureuses, et des tragédies barbares qui rendoient le trône la conquête de l'audace et du crime. Qu'est-il resté du luxe des Babyloniens ?

des débris qui disent peu à l'ame sensible, et les descriptions pompeuses, les anathêmes énergiques, les invectives éloquentes des prophètes d'Israël. Palmire a vu disparoître ses palais et ses temples. Antioche s'est anéantie malgré l'éclat qu'elle eut sous les Séleucides et sous les empereurs d'Orient; le génie n'est point resté debout sur ces ruines pour les lier à de grands événemens, à de grands souvenirs, pour leur prêter une voix éloquente, pour raniimer leurs poussières éparses, pour prêter un intérêt auguste à chaque accident de la nature, à chaque vestige de l'art. Tous les peuples de l'antiquité eurent des rois, des oracles, des conquérans, des prêtres; plusieurs élevèrent de superbes monumens, mais les Grecs seuls eurent l'avantage d'en créer qui fussent à l'abri de tous les coups du sort.

La poésie fut dans la Grèce la source féconde de tous les arts qui honorèrent ce beau pays, ou presque tous, lui durent leur origine, leurs sujets les plus brillans, leurs plus magnifiques chefs-d'œuvre; les peintres et les statuaires prirent dans les poètes, l'idée, les attributs des dieux, des déesses, des héros, qu'ils offroient au culte ou à l'admiration publique. Phidias puisa dans Homère la majesté sublime, le regard menaçant, l'expression de

grandeur et de puissance de son Jupiter olym-
pien. Praxitèle eût-il rendu sa Vénus si séduisante ; eût-il même songé à faire éclore
sous son savant ciseau la déesse de la beauté,
si le génie poétique n'avoit fait sortir de
l'onde la reine des amours avec tout ce qui
peut ravir et subjuguer les hommes ? Zeuxis
peint Hélène, et rend à Homère un hommage
éclatant en ornant son image sublime des vers
où le chantre d'Ilion justifie par les charmes
de la reine de Sparte, les travaux, les fatigues
qu'essuyèrent les Grecs et les Troyens : toutes
les productions des arts depuis la Galathée de
Pygmalion jusqu'au colosse de Rhodes, depuis les satyres et les nymphes qui appelaient
des idées riantes et voluptueuses, jusqu'aux
déesses infernales qui inspiraient la terreur et
retraçaient des idées de supplice, tout ce que le
ciseau créoit, tout ce que le pinceau animoit,
étoient autant d'heureux larcins faits à la poésie.

Ce n'est point la nature toute nue qu'on
cherche dans les arts d'imagination. Eh ! qui
mieux que les poètes enseigne à l'embellir, à
la varier, à l'orner de brillans attributs !
L'amour n'est plus ce feu de la jeunesse, cette
ardeur du tempérament qui allume les sens,
qui séduit les cœurs ; c'est le pouvoir d'un dieu
à-la-fois cruel et doux, odieux et aimable,

dont tout reconnoît l'empire. Ce dieu prend les couleurs les plus riantes sous la palette du peintre, sous le marbre que taille le statuaire; mais l'artiste est trop heureux lorsqu'il peut produire une partie des sensations que fait naître une passage d'Homère ou un ode d'Anacréon. Le cœur d'un coupable est sans doute tourmenté de reproches intérieurs; le vautour qui ronge ses entrailles se manifeste souvent à l'altération de ses traits, à la sombre horreur de ses regards; le pervers est malheureux au sein des richesses, au faîte des grandeurs, et la Providence est justifiée. Les poètes font sortir les furies des enfers, les attachent à ses pas; il voit les plaies qu'il a ouvertes, le sang qu'il a répandu; il entend le cri de ses victimes et la voix du ciel irrité. Nos peintres, nos statuaires ont constamment les yeux fixés sur la Grèce; la religion de leur pays leur ordonne vainement de ne voir que des fables dans la mythologie antique, ils n'y voient que des merveilles; l'histoire moderne leur présente de grands événemens à peindre, des héros à célébrer, et malgré le vœu de leurs concitoyens et l'amour de la patrie, les désastres d'Ilion, les malheurs de Thèbes, les combats de Marathon et de Salamine ont pour eux des charmes invincibles. Homme sensible,

que la nature a formé pour les grandes choses,
tu ne peux voir sans des transports de ravissement les prodiges qu'opéra la Grèce; tout
s'anime à tes regards, dès que tu les tournes
vers elle. Ces déesses aimables dont le groupe
séduisant appelle ton attention, ce sont les filles
de mémoire. Ce sont elles qui t'apprennent à
mépriser les plaisirs vulgaires, les honneurs
fugitifs; ce sont elles qui font retentir sans
cesse à tes oreilles le nom auguste d'immortalité. Tu apperçois Melpomène, la plus imposante et la plus terrible de toutes; elle évoque
les mânes des illustres malheureux, elle dé-
chire le cœur des coupables, elle éveille tour-
à-tour dans les ames la pitié, la crainte, l'indignation; mais elle ne souffre rien que de grand
et de sublime, elle est avare de ses dons; dans la
Grèce même elle ne daigna couronner qu'un
petit nombre de favoris. Thalie, avec des traits
plus rians, excite des impressions différentes;
elle arrache le masque aux vices, elle nous
égaie sur nos propres défauts, elle nous cor-
rige sans nous blesser, elle est encore moins
prodigue de ses faveurs que Melpomène. Te
sens-tu né pour suivre les lois austères de
Clio? appelle autour de toi toutes les générations; juge sans rigueur comme sans foiblesse,
renverse les trônes que le vulgaire a élevés,

édifie des autels à un petit nombre de sages et
de bienfaiteurs de l'espèce humaine; dans cette
noble carrière, tu te sentiras encore éclairé
par le génie grec. Hérodote t'enseignera l'art
de peindre avec des couleurs douces et variées, d'être attachant sans cesse, d'être simple.
Thucydide t'apprendra le secret sublime d'être
impartial au milieu des factions; de te montrer
étranger à tous les partis, au milieu d'hommes
avides de pouvoir, dévorés de haines, ivres
de vengeance. Par-tout j'apperçois la Grèce;
son génie perce dans tous nos arts, sa langue
enrichit la nôtre; ses dieux, ses déesses re-
çoivent encore notre encens. Ses poètes nous
ont appris à chanter la nature, à peindre ses
merveilles; n'est-ce point à l'imagination des
Grecs que nous devons ces allégories qui
animent les fleuves, les fontaines, le vaste
océan; qui personnifient les villes, les Etats,
les empires? La Grèce fut grande par elle-
même, et les autres peuples reçurent d'elle les
moyens de s'illustrer, soit que le sort exilât
ses enfans, soit qu'un esprit aventurier leur
fît chercher de nouveaux asyles; par-tout où
ils s'offroient, ils faisoient une révolution
dans les mœurs, ils y portoient la politesse et
les arts, l'intrépide valeur et la noble liberté;
ils donnèrent des mœurs fières aux peuples

indolens

indolens de la molle Ionie; ils détruisirent des superstitions sauvages dans le midi de la Gaule. Colons de l'Etrurie, ils soumirent les ambitieux Romains à leur culte, à leur doctrine religieuse. Des Grecs paroissent dans Rome, le sévère Caton n'est plus entendu, il veut proscrire les charmes de l'éloquence et la noble passion des arts; mais la voix enchanteresse des ambassadeurs Grecs est plus puissante que ses édits. Des superstitions grossières couvroient l'Egypte d'autels, consacroient le culte le plus humiliant pour la raison, le despotisme chargeoit la terre de monumens, sans que le goût ou le génie pût en avouer un seul. Les Grecs portent leurs armes victorieuses sur les bords du Nil. Alexandre attache son nom à une cité qui surpasse dès sa naissance tout ce qu'avoient fait les rois égyptiens, et où Athènes trouve quelque temps des émules. Je m'étendrois trop si je parcourois l'influence du génie grec dans toutes les parties de l'ancien monde ; je verrois Rhodes s'honorer de la muse de Périandre et d'Apollonius, des tableaux de Protogènes, de la philosophie de Panetius, de l'éloquence de Molon ; je verrois Palmyre s'enorgueillir de Longin qui eut du goût dans un siècle barbare, qui ressaisit la tradition du

beau et du grand, qu'on avoit laissé perdre,
parla des plaisirs de la gloire à des hommes
qui n'étoient plus séduits que par les honteux
plaisirs des sens, se montra grand et sublime
en indiquant la source du sublime; eut, en parlant d'éloquence, la majesté des orateurs ;
de poésie, l'imagination des grands poètes; de
philosophie, la pensée forte, le coup-d'œil
vaste, le jugement profond des plus grands
philosophes. Je verrois Antioche et Constantinople me présenter Chrysostôme employant
la belle langue qui avoit servi si long-temps
la gloire et la liberté, à consoler le peuple gé-
missant des caprices des empereurs, à sou-
lager les afflictions d'une existence pénible
par l'image d'un avenir heureux. Je verrois
Grégoire de Nazianze joindre les palmes de
l'éloquence aux lauriers poétiques, illustrer
la Cappadoce si long-temps méprisée ou in-
connue des autres nations. Enfin, je verrois
encore la langue grecque servir d'interprète
à des princes philosophes, offrir sous la plume
de Marc-Aurèle, cette morale pure, sublime
qui élève l'ame humaine, qui agrandit la
pensée, qui rend capable de tous les sacrifices.
Je la verrois sous la plume de Julien, pré-
sentant le magnifique tableau des vertus et
des devoirs d'un prince qui se regarde comme

le dispensateur des bienfaits de la providence,
comme le dépositaire d'une partie de son
pouvoir pour le bonheur du monde.

En voyant les grandes choses qu'opérèrent
les Grecs, l'influence qu'ils eurent sur les
autres peuples, la durée de l'empire moral
qu'ils surent se créer, on est tenté de leur ap-
pliquer cette allégorie orientale : Au commen-
cement, l'Eternel ne versa que sur une très-
petite partie du monde les trésors de sa main
féconde et libérale, comme s'il avoit voulu
faire l'essai de sa puissance et de sa bonté ;
mais il plaça dans cette terre de prédilection,
toutes les richesses, toutes les beautés augustes et toutes les productions riantes qui
parent et qui varient maintenant toutes les
parties de l'univers. On y voyoit les arbres
majestueux qui ombragent les froides régions
du nord, les fleurs parfumées et les fruits délicats qui charment les habitans voluptueux du
midi ; les êtres animés se montroient dignes de
la région qu'ils devoient embellir ; l'homme y
déployoit les formes les plus majestueuses, y
faisoit briller les yeux les plus vifs, les traits
les plus nobles : la femme y joignoit la taille la
plus élégante et la physionomie la plus douce,
aux regards les plus enchanteurs. Les oiseaux
unissoient la variété des couleurs à la flexi-

bilité de la voix. L'Eternel vit que tout étoit bon, que tout étoit beau dans cette heureuse contrée, mais il voulut que le reste de la terre partageât sa bienfaisance. Des génies par ses ordres transportèrent dans d'autres climats, les arbres, les plantes, tout ce que la nature avoit fait pour le besoin des hommes ou pour leurs plaisirs; ces richesses exotiques prospérèrent dans quelques régions comme dans leur contrée natale ; dans d'autres elles dégénérèrent, ailleurs elles réussirent quelques instans et périrent ensuite ; dans beaucoup de lieux elles trouvèrent une terre ingrate et rebelle, et périrent sans porter de fruits.

La Grèce offre un véritable phénomène moral, soit qu'on la considère sous le rapport politique ou sous celui des arts. Beaucoup de peuples ont passé, se sont anéantis sans faire une vive sensation, sans exciter un véritable attendrissement ; ils n'ont laissé qu'un souvenir confus ; ils ont vécu sans éclat ; ils se sont éteints sans gloire. Mais lorsque la Grèce cessa d'exister, l'humanité perdit ses plus beaux titres. Sa ruine étoit préparée depuis long-temps ; Athènes, l'honneur d'un pays où tout étoit illustre, Athènes ne s'étoit distinguée dans les derniers temps que par la prostitution de ses hommages et par des malheurs,

déplorables effets de son imprévoyante politique; elle avoit accepté la dangereuse protection de Philippe de Macédoine, elle ne
l'avoit traité en ennemi que lorsqu'il n'étoit
plus temps d'enchaîner ses projets ambitieux.
On la vit ramper sous Alexandre, lorsque
l'Asie retentissoit de ses exploits, et faire éclater une folle alégresse lorsque la renommée
annonçoit faussement sa mort. On la vit aban-
donner aux inquiètes fureurs d'Antipater les
orateurs qui avoient prédit sa ruine, et qui
s'étoient efforcés de la conjurer; punir dans
Phocion, d'une manière trop rigoureuse, l'ennemi du gouvernement populaire; prodiguer
ensuite les honneurs divins au fils d'Antigone;
se révolter contre l'objet de son apothéose;
opposer plus tard un rhéteur à Sylla, et un
grand nom devenu méprisable à la puissance
du peuple romain. Sparte avoit laissé anéantir
les institutions qui firent sa force pendant
quatre siècles. Elle avoit puni Agis et Cléo-
mène d'un dévouement généreux; elle avoit
souffert sans résistance l'exécrable tyrannie
de Nabis. Thèbes n'avoit eu que quelques
beaux instans, et elle les devoit à ses illustres
citoyens Epaminondas et Pélopidas : sa gloire
descendit avec eux dans la tombe. Aratus et
Philopemen honorèrent l'Achaïe par leurs

combats, et la Grèce entière par les efforts
qu'ils firent pour la rendre indépendante ;
mais tout succomba sous le pouvoir de Rome,
et les états libres doivent tomber quand le courage et l'esprit public ne défendent plus le majestueux édifice de leurs constitutions : semblables à ces arbres antiques que la sève cesse
d'alimenter, leur tête superbe se dépouille,
leur vaste tronc devient l'asyle des insectes
impurs et des tristes oiseaux qui effraient le
voyageur pendant les nuits de leurs lugubres
gémissemens; l'orgueilleuse Rome fut forcée de
rendre hommage au peuple qu'elle subjuguoit.
Les tableaux et les statues de Corinthe, les livres
d'Athènes, les temples et les palais d'Agrigente
et de Syracuse lui inspirèrent le goût des arts,
l'amour du beau ; et ses poètes, ses orateurs,
ses historiens, s'honorèrent d'être les émules
des enfans immortels de la Grèce. Virgile ressaisit le chalumeau de Théocrite pour chanter les amours d'Amarillis, le trépas de Daph-
nis, le nouveau règne d'Astrée et les transports de Gallus ; il prit pour guide Homère
et Pisandre quand il célébra les infortunes de
Didon, les voyages, les combats d'Enée et
l'illustre berceau de Rome. Horace, adorateur passionné des Grecs, manioit tour-à-tour
la lyre harmonieuse de Pindare et le luth déli-

cat d'Anacréon. Catulle prit chez les Grecs, et
la fable ingénieuse d'Atis et les noces de Thétis
et de Pélée ; il en tira des chefs-d'œuvre de
graces, de délicatesse et de sensibilité. Ovide
ne fit que rajeunir la mythologie d'Athènes et
de la Sicile, dans ses métamorphoses qui offrent
des tableaux si riches, si variés, si séduisans, où l'amour, l'imagination, les graces
semblent avoir guidé ses pinceaux. Catulle,
Tibulle, Properce avouent les heureux larcins qu'ils ont faits aux Grecs. Plaute et Térence n'ont fait que transporter le théâtre
d'Athènes sur le théâtre de Rome; Cicéron
croyoit toujours lutter contre Démosthène
lors même qu'il le surpassoit, et il marchoit
encore sur les traces des Grecs lorsque dans
sa retraite de Tusculane il recueillit tous ces
préceptes qui peuvent élever, consoler, ano-
blir l'espèce humaine dans toutes les circonstances et dans tous les états de la vie. Que seroit-
ce si je suivois l'influence du génie grec dans
les places publiques, dans les temples, dans les
amphithéâtres de Rome; si je voyois par-tout
les riches couleurs de ses peintres, le ciseau
de ses statuaires ; si les maisons des particu-
liers mêmes, comme les asyles du goût et de la
volupté, me déployoient encore la magnifique fécondité de ce peuple célèbre qui se con-

soloit de son esclavage en forçant ses maîtres à l'admiration !

Mais cette contrée, l'honneur de l'espèce humaine, a passé sans retour, le soleil qui l'éclairoit s'est éteint pour jamais. Rome fut plus heureuse, elle est sortie de ses ruines, elle a obtenu une seconde existence presque aussi brillante que la première. Si elle n'offrit point dans les temps modernes le spectacle majestueux et fier d'un peuple libre et conquérant, d'un sénat redoutable aux citoyens de la république et au monde entier, le génie de ses souverains lui procura une domination aussi vaste que l'ancienne; la pompe du Vatican, le temple de l'Apôtre du christianisme éclipsèrent en quelque sorte la majesté du Panthéon et du palais des Césars. L'Italie a vu des chefs-d'œuvre renaître sur les débris des chefs-d'œuvre antiques, et des lyres harmonieuses ont fait tressaillir les cendres d'Horace et de Virgile ; mais la Grèce n'a plus recouvré l'heureux privilége d'éclairer ou de charmer les peuples; des barbares foulent cette terre classique. Les stupides sectaires de l'islamisme qui ne savent rien créer, ont su effacer jusqu'aux vestiges de la gloire d'Athènes ; des esclaves abrutis, des misérables qui ne pensent point, promènent leur indolence sur ces théâtres augustes où Sophocle et Euripide se disputoient la palme tragique ; Eschine et Démosthène, les triomphes de l'éloquence ; Platon et Aristote, la gloire d'éclairer les hommes.

Les îles ont subi le même sort que le continent ; le même joug pèse sur Rhodes si célèbre par les chefs-d'œuvre de l'art, par l'industrie de ses habitans, par la beauté de son sol ; sur l'île de Crète où la poésie plaça le berceau de Jupiter, et sur tout cet archipel où les illusions de la fable se joignirent aux charmes de la nature pour en faire un pays d'enchantement. Quelle heureuse révolution, quel changement dans la politique européenne, quelle circonstance imprévue rendra ce pays à son ancienne gloire, et y ramènera, après vingt siècles, le flambeau des arts !

Un de ces génies qui appartenoit aux siècles passés par ses connoissances, et aux siècles futurs par sa pénétration, un Plutarque méditant sur les ruines de la Grèce avec ce sentiment mélancolique qu'inspirent les tombeaux de plusieurs générations illustres, et l'aspect d'un peuple esclave traînant ses fers sur le théâtre auguste de la liberté, eût pu tenir ce langage : O terre féconde en merveilles, patrie des hommes illustres, honneur

de l'humanité, je t'ai vu naître par la pensée;
ton berceau embelli par l'imagination vient
égayer ma mémoire; tes poètes divins ont
prêté l'intérêt le plus auguste aux maisons de
tes premiers rois, aux exploits de tes premiers héros ! Tes princes furent des demi-
dieux, tes législateurs des vrais sages; j'ai
contemplé les événemens qui influèrent sur
ta destinée; contemporain de Périclès, j'aurois
prédit ta ruine; Xercès en t'attaquant dans la
vigueur de ta première jeunesse, fit plus pour
toi que le génie des Solon, des Lycurgue, et
donna à tes enfans une force surnaturelle; il
leur inspira un sublime orgueil, ils se crurent
le premier des peuples parce qu'aucun peuple
n'avoit eu de tels obstacles à vaincre, des ennemis aussi puissans à combattre. Ces victoires
donnèrent de l'enthousiasme à tes poètes, de la
force, de l'élévation à tes orateurs, une noble
majesté à tes historiens; après avoir accablé les
Perses il sembloit qu'il ne te restoit plus rien
à faire, que les vainqueurs de toutes les forces
d'Asie n'avoient plus qu'à jouir sans inquiétude d'une liberté acquise au prix de tant
d'efforts, payée par tant d'héroïsme. C'étoit
peu d'avoir sauvé ton indépendance des at-
taques de l'étranger, il falloit encore la défendre contre les attentats de tes propres

citoyens. Ainsi ces contrées échauffées par les feux du midi, qui ne redoutent point les ravages des aquilons, sont quelquefois brûlées par l'ardeur du soleil qui hâte et développe leur végétation. Les héros qui ont le plus contribué à l'affranchir ont langui dans les fers ou dans l'exil; ils ont fait peser sur la république la plus célèbre le soupçon odieux d'ingratitude: Miltiade, en mourant, avoit droit d'accuser ses compatriotes; les lauriers de Marathon décoroient son cachot et le transformoient en un temple plus respectable que celui que tu consacrois à tes dieux. Thémistocle, Aristide rendirent hommage à tes loix, l'un par sa modération, l'autre par le refus de se venger de sa patrie; mais ils n'ont point absous Athènes du reproche d'injustice et de légèreté. Périclès prépara ta ruine en t'habituant à regarder les volontés d'un homme comme des oracles, en tournant les forces de la Grèce contre la Grèce même, en prodiguant pour des querelles particulières un sang qui ne devoit couler que pour accabler les barbares ou punir les tyrans. Alcibiade suivit ses traces avec moins de ménagement et bien plus de perfidie; il vendit Athènes à la jalouse inquiétude de Sparte, et sacrifia la Grèce entière à l'or des Perses. La tyrannie des quatre cents

étouffa l'énergie républicaine; les **Grecs** dé-
testèrent moins les barbares ; des disciples **de**
Socrate ne rougirent point de combattre sous
les étendards du jeune Cyrus. Rome, après
avoir vaincu des peuples qui ne lui laissoient
que la gloire d'épuiser le sang des hommes
pour substituer l'autorité de leur sénat à l'autorité des princes de l'Asie ou au joug barbare
de Carthage, vint enfin donner des lois à la
nation dont elle avoit reconnu la supériorité
dans les plus beaux temps de la république ;
elle subjugua la Grèce par le fer, la Grèce
régna sur ses nouveaux maîtres par le prestige
des grands souvenirs, par l'empire de ses arts,
par l'ascendant du génie. La Grèce, dans ses
derniers instans, répandit encore un éclat majestueux. Sparte vit renaître des héros sur le
déclin de sa liberté. L'Achaïe eut à vénérer et à
pleurer deux guerriers illustres et deux grands
politiques, ainsi un embrasement n'est jamais plus magnifique que lorsque le feu con-
sume les palais des rois et les temples des dieux,
que lorsque les matières les plus précieuses se
mêlent aux matières les plus viles. O Grèce, je
foule ta cendre avec un saint respect ! à chaque
pas que je fais, je me crois entouré de l'ombre
d'un grand homme ; les héros si chers à ma
pensée occuperont la plus belle partie de ma

vie, je m'efforcerai de les peindre sous leurs véritables traits, de faire partager aux siècles à venir ma juste admiration ; tant de gloire ne s'évanouira point ! Athènes laissera des vestiges immortels de ses arts sublimes, la lyre de ses poètes ne cessera d'enchanter les oreilles délicates et sensibles. Sparte forcera les races futures d'admirer l'austérité de ses institutions, les grands caractères qu'elles produisirent. Syracuse épouvantera les nations par les crimes de ses tyrans, par ses convulsions sanglantes. Je vois l'horison se couvrir de ténèbres, les descendans des héros ramper sous des maîtres barbares ; un Panonnien, un Dace, un sauvage de l'Illyrie, donneront des lois au monde ; mais si les lumières s'éclipsent, la Grèce ranimera le feu sacré, il sortira de ses ruines augustes, le génie d'Athènes renaîtra dans quelques contrées du monde, ses poètes auront des émules, ses orateurs des rivaux, tous ses grands hommes des admirateurs ; cette idée m'encouragera dans mes travaux, embellira tous les instans de ma vie, et viendra sourire aux derniers jours de ma vieillesse.

Nous croyons devoir joindre à cet Essai la traduction de quelques morceaux de littérature du docteur Blackvell, où il juge avec une critique savante les auteurs que nous avons examinés. Ce célèbre professeur sentoit parfaitement toutes les beautés des anciens; mais il ne savoit point imiter leur style. Sa manière d'écrire est celle d'un homme qui s'occupe plus d'instruire que de plaire. C'est un érudit consommé, et souvent un enthousiaste que l'admiration n'égare point, parce qu'elle est motivée et réfléchie. Si son style étoit moins hérissé de citations, il seroit un de nos premiers littérateurs. Ses observations sur les grands écrivains de l'antiquité, le mettroient à la tête des critiques qu'on peu étudier comme juges et comme modèles; et ses Mémoires sur la cour d'Auguſte, pleins de recherches les plus profondes, des idées les plus fortes, le placeroient parmi les bons historiens.

HOMERE.

« Ce n'est point faire un éloge exagéré d'Homère, que de dire que personne n'eut une connoissance des hommes et des choses égale à la sienne, et ne sut mieux peindre les passions et les caractères; il représente les grands objets d'une manière si sublime, les petits d'une manière si convenable, qu'on admire les uns , et qu'on se plaît avec les autres.

» Il possède parfaitement toutes les graces du style figuré ; dans le style ordinaire, il est plein de pureté et d'aisance. Strabon , habile géographe et historien exact , assure qu'Homère a décrit toutes les contrées qui ont servi de théâtre à ses héros avec un tel soin, qu'on ne peut soupçonner qu'il ne les ait point vues , et qu'en accordant qu'il les ait vues , il faut encore admirer la fidélité de ses peintures. On peut comparer ses poëmes à ce bouclier de fabrique divine qu'il a si vivement représenté dans l'Iliade. Vous y trouvez le tableau de tous les exercices de la guerre, de tous les travaux de la paix. L'univers s'offre à vos regards sous un aspect délicieux. Homère a toutes les beautés des divers dialectes qu'il emploie, et dans quelque partie que ce soit de ses écrits, son style est rarement inférieur à celui de quelque autre poète ; mais il les surpasse tous en force , en étendue de génie , en richesse d'imagination , en facultés créatrices. Ses ouvrages portent un tel caractère de supériorité, que les anciens l'estimoient , l'admiroient comme le vrai poète de la nature , comme le seul qu'elle eût admis dans l'intérieur de son sanctuaire, et qu'elle eût instruit de ses mystères les plus augustes. Les plus grands hommes de l'antiquité n'ont qu'une voix sur Homère ; le seul Zoïle et un petit nombre de ses méprisables successeurs , n'ont fait en l'attaquant que montrer leur défaut de goût, leur ignorance ou leur esprit paradoxal.

» Ils nous disent que le divin Platon le bannit de sa république. Les raisons pour lesquelles ce sage interdisoit la lecture de ce poète aux citoyens de son état imaginaire, c'est qu'il pensoit que le commun des hommes étoit incapable de le bien lire, qu'il pervertiroit l'intelligence du vulgaire, qui prenant à la lettre ses sublimes allégories, y puiseroit des notions fausses de la religion et de la divinité. Platon déclare fréquemment qu'il l'aime, qu'il l'admire, qu'il le considère comme le plus varié, lé plus agréable, le plus divin de tous les poètes. Il s'efforce d'imiter son style figuré, ses emblêmes mystérieux. S'il défend de lire ses poëmes en public, il les médite dans le silence du cabinet ; si le philosophe veut le bannir de sa république pour des raisons d'état, l'homme sensible lui paye le tribut de vénération qu'il mérite ; il charge l'illustre exilé de présens, il l'orne de guirlandes comme les prêtres font à leurs divinités ; par de telles marques d'honneur il offre l'auguste banni comme un hôte sacré, et le recommande à la vénération des peuples.

THÉOCRITE.

» Il s'exerça dans plusieurs genres de poésie, et réussit dans tous. Il est inutile de louer la simplicité, la liberté gracieuse de ses pastorales, quand Virgile lui-même invoque la muse de Syracuse, quand il l'imite, quand il la traduit. Quintilien dit

de

de notre poète sicilien qu'il est admirable dans son espèce ; mais quand il ajoute que sa muse ne peut offrir de modèle à l'éloquence, qu'elle n'est pas même digne de paroître à la ville , il est évident que cette remarque s'applique seulement à ses Eglogues. Dans plusieurs de ses autres poëmes, il montre une telle force de raison et une telle politesse, que non-seulement il est capable d'offrir des modèles à l'orateur ; mais qu'il peut encore donner des lois aux princes. Dans ses petits poëmes sur la blessure de Cupidon, sur Adonis tué par un sanglier, vous trouvez la vigueur et la délicatesse d'Anacréon. Dans son Hylas, dans le combat de Pollux et d'Amycus, il est beaucoup plus clair , plus agréable , plus pathétique qu'Apollonius dans le même sujet ou dans tout autre. Dans la conversation d'Alcmène et Tirésias , d'Hercule et le vieil esclave d'Augias, dans les femmes allant aux cérémonies d'Adonis , on trouve l'aisance, l'engageante familiarité des dialogues de l'Odyssée , et dans Hercule détruisant le lion de Némée, la force et la majesté de l'Iliade. Le panégyrique du roi Ptolomée est justement reconnu comme un modèle de perfection dans ce genre d'écrire. Dans cet excellent poëme et dans l'hymne sur Castor et Pollux, il loue ses dieux et ses héros avec cette délicatesse, cette dextérité, cette adresse, ces sublimes et gracieuses expressions de dévouement et de respect qui le rendent égal à Callimaque , et le laissent à peine inférieur à Pindare et à Homère.

F

SOPHOCLE et EURIPIDE.

» Le premier remplit de grands emplois chez les Athéniens ; il commanda leurs armées ; il fut aussi distingué comme orateur que comme poète, par la noblesse de la pensée et par le charme de l'ex-pression ; il ne fut point inférieur à son collègue Périclès , qui , par l'ascendant de sa politique et par la force de son éloquence , domina toute la Grèce , et ses harangues furent comparées aux éclairs et à la foudre. Le second , célèbre par la pureté de son style attique et son talent d'émou-voir les passions , et principalement la douleur et la pitié, fut généreusement accueilli à la cour d'Archelaüs , roi de Macédoine. Les graces de sa composition , la variété de ces caractères , l'ex-cellence de sa morale , excitèrent l'admiration universelle ; et sa gloire étoit tellement répandue, que les Athéniens qui furent faits prisonniers dans la fatale expédition dirigée par Nicias , et qui pouvoient répéter quelques vers de leur illustre compatriote , échappoient à la mort et à l'exil , et retournoient dans leur pays avec des marques d'honneur ».

PINDARE, ANACRÉON.

« Le génie magnifique et sublime de Pindare fut encouragé et soutenu par les honneurs qu'il reçut des vainqueurs et des princes de son siècle qui aspiroient à la gloire. Les triomphes aux jeux olympiques avoient besoin , pour obtenir de l'importance, d'être décorés du laurier poétique. Hiéron de Syracuse fut son patron et son ami. Les états les plus puissans et les plus illustres de la Grèce briguoient l'honneur des trophées qu'il élevoit, et ses vers paroissoient préférables aux plus magnifiques statues. Anacréon vécut familièrement avec Polycrate , roi de Samos ; et sa muse riante , gracieuse, trouva dans les plaisirs d'une cour corrompue, les scènes voluptueuses qui convenoient à son caractère ». .

Nous n'avons jeté qu'un coup-d'œil rapide sur les historiens grecs , qui ne devoient se présenter dans notre ouvrage qu'accidentellement : on sera bien aise de voir le jugement qu'en porte Blackwel. Hérodote , dit-il , acquit de l'expérience en voyageant dans son propre pays , en parcourant la Thrace , la Palestine et l'Egypte, où il visita les monumens les plus remarquables, et les hommes qui pouvoient l'éclairer. Il interrogea les prêtres qui l'instruisirent de leurs anciennes coutumes, de l'histoire civile et religieuse du pays ; il parle de certains rites avec tant de clarté et même de licence, de certains autres avec tant de réserve et de timidité, qu'on le soupçonneroit d'avoir appartenu à quelques-unes des castes sacerdotales de ce pays.

Connoissant les pays les plus célèbres, témoin des

plus grands événemens , contemporain des plus
grands hommes, il écrivit l'histoire des Grecs et des
Barbares ; il exécuta ce difficile ouvrage avec un
jugement, une fidélité, une éloquence qui lui valut
le suffrage de la plus auguste assemblée qui existât
dans le monde , réunie aux jeux olympiques. Son
histoire présente au lecteur toutes les antiquités de
la Grèce ; elle ouvrit la carrière à tous ceux qui
le suivirent. Il ne se borna point à la fonction paisible d'homme de lettres, il agit en citoyen , il dé-
livra sa patrie du tyran Lygdamis qui l'avoit sub-
juguée.

» Thucydide diffère d'Hérodote autant par son
sujet que par son genre de composition. Hérodote
déploye le talent oratoire dans sa diction noble ,
nombreuse , solennelle. C'est un fleuve abondant
qui coule avec une paisible majesté. Thucydide écrit
souvent d'une manière si serrée , que chaque mot
est une sentence, que chaque sentence nous instruit
de quelque chose de nouveau. La multitude des
causes qu'il indique, des objets qu'il embrasse, peut
nous le faire paroître obscur ; mais il est si heureux, si admirable dans l'expression, que nous ne
pouvons dire si la diction doit plus à l'importance
de la matière , que la matière ne doit à la force
de la diction , du moins ils se prêtent un mutuel
éclat. Son style, quoique serré et concis , est quelquefois grand , magnifique , égal au sujet. Il fut
le premier après Hérodote qui orna le genre his-
torique , qui rendit la narration agréable , qui

substitua un corps nerveux et de superbe proportion, au squelette décharné des annales antiques.
Ce qu'il y a de remarquable dans cet écrivain, ce
sont ses batailles, qui n'offrent pas seulement un
récit, mais un spectacle, tant son pinceau a de
vigueur martiale : on croit, en le lisant, qu'il a par-
tagé la chaleur de l'engagement. Ce qui donne à
sa diction un singulier mérite, c'est que, malgré
sa précision', elle n'a rien de forcé, et que les mots
se placent dans leur ordre naturel ».

Nous croyons devoir ajouter à ces divers morceaux, la traduction des jugemens de l'auteur sur
Platon et Xénophon, les deux philosophes de
l'antiquité qui ont le plus de réputation comme
écrivains. « Platon descendoit de Codrus, l'illustre
roi d'Athènes, du côté paternel, et de Solon, le
célèbre législateur, par sa mère. Il acquit de l'expérience et des connoissances par ses voyages en
Italie, en Sicile, en Egypte ; il fut chéri et honoré de l'admiration de tous les hommes de goût.
Ses ouvrages sont d'inestimables trésors de connoissances ; il écrivit avec toute la force de la
raison humaine, et tous les charmes d'une éloquence divine».

« Xénophon, dans les choses mémorables de
Socrate, a composé un système de morale aussi
instructif qu'intéressant ; il retrace nos devoirs envers Dieu et envers les hommes avec une grande
clarté, une grande justesse d'esprit, et une simplicité et une pureté de langage inexprimables.

Le grand Socrate énonce ses principes de manière à persuader tous ses lecteurs ; il argumente avec la raison d'un philosophe ; il prononce avec l'autorité d'un législateur, et il s'adresse à l'ame avec la tendresse familière et l'onction d'un ami. Il a fait pour la morale tout ce que peut la raison humaine ; dans certains endroits, il paroît éclairé d'un rayon céleste. Dans un des dialogues du sublime Platon, Socrate prophétise une personne divine amie des hommes, qui vient dans le monde pour les instruire de la manière la plus convenable d'adresser leurs prières à l'Eternel.

» Xénophon passe de la politique la plus profonde aux simples détails de la vie domestique ; il fit l'histoire des guerres des Grecs, et la relation de la fameuse retraite qu'il dirigea. Quoique son style ne soit point très-varié, il est toujours convenable au sujet. Nous trouvons dans cet aimable auteur toute la politesse d'une composition étudiée, et toute la liberté, tout l'abandon d'une conversation familière. Je puis particulièrement mentionner le Sympoum de Xénophon, où se trouve la peinture de la conversation la plus délicieuse et la plus animée. Le plaisant et le sérieux s'y trouve si heureusement unis, si heureusement tempérés, que l'on passe du grave au doux sans que la transition offre rien de disparate. La gaîté s'y associe avec la dignité, et la philosophie est embellie par les graces.

» Le morceau où Blackwell compare les écrivains

grecs aux latins , et fait ressortir les beautés des deux littératures , nous paroît également digne d'être traduit.

» Par une comparaison attentive des écrivains grecs et des latins , nous jugeons facilement que ceux-ci ont dû beaucoup aux premiers , et nous nous rendons capables de lire avec fruit , et d'imiter les uns et les autres. En observant quels secours Virgile a tirés d'Homère dans son Enéide, de Théocrite dans ses pastorales ; quels trésors Horace a puisés dans Anacréon et les autres lyriques , nous apprenons à profiter des richesses étrangères, sans négliger nos richesses naturelles ; à augmenter notre propre fonds , sans nous rendre coupables d'un honteux larcin. Il est aussi utile qu'agréable de comparer des auteurs qui ont été contemporains et compatriotes , tels qu'Euripide , Thucydide et Xénophon , Théocrite et Callimaque , qui vécurent à la même cour , et qui employèrent le même dialecte, le dorique ; et ceux qui s'exercèrent sur les mêmes sujets, tels qu'Apollonius , Valerius, Flaccus et Théocrite, dans la conquête de la toison d'or , dans le combat de Pollux et d'Amycus , et la mort d'Hylas. Salluste, dans sa belle histoire de la conjuration de Catilina, et Cicéron dans les quatre discours sur ce fameux conspirateur, se servent mutuellement de commentaire. L'historien s'honore sur-tout, en rendant justice à la vigilance du consul dont il avoit le malheur d'être l'ennemi. Les ouvrages anciens méritent sur-tout d'être étudiés par la clarté des raisonnemens dont ils abondent, par l'ingénuité, la pureté de l'éloquence dont ils offrent le modèle. Les orateurs qu'on y voit figurer sont serrés dans leurs argumens, forts dans leurs réparties ; ils se montrent fiers sans insolence, noblement ennemis du vice et de la corruption ; ils savent peindre la vérité, les hommes et les mœurs ; leurs sentences sont spirituelles et leur morale pure. En un mot, aucune partie des compositions anciennes n'est aussi soignée, aussi instructive, aussi agréable que leurs harangues. Leurs auteurs semblent y réunir toutes les forces de leur génie. L'ensemble de leurs histoires peut être comparé à une campagne agréable et délicieuse située sous un beau ciel, sous une agréable température, où les plaisirs s'unissent à l'abondance ; et leurs descriptions et leurs discours ressemblent à ces superbes jardins, où la nature et l'art luttent de richesses et de magnificence. Ils se sont exposés à la censure, en paroissant détruire l'illusion, en mettant dans la bouche de leurs héros des harangues qu'ils ne paroissent point avoir pu prononcer ; mais ces historiens sont dans la situation du poète dramatique : il suffit qu'ils prêtent à leur héros le langage qui convient à sa condition, à ses mœurs, au rang qu'il occupe. Périclès étoit capable de faire les discours que lui fait tenir Thucydide ; Fabius, Maximus, et Scipion, César et Caton n'eussent probablement rien perdu si Tite-Live et Salluste s'étoient contentés de les copier. Faisons, pour justifier les harangues des historiens, l'analyse de deux discours tirés d'écrivains qui ont de très-grands rapports, Thucydide et Tacite. Le premier, dans l'oraison funèbre qu'il met dans la bouche dè Périclès, en l'honneur des braves qui sont morts pour la défense de leur pays, unit la sagesse à l'éloquence, l'enthousiasme patriotique à la raison du philosophe. Il loue les morts pour encourager les vivans à suivre leur exemple. Il montre aux héros qui meurent pour la patrie, une gloire immortelle pour eux, des récompenses honorables pour leurs épouses et pour leurs enfans. Il attribue la plus grande partie de l'héroïsme de ces guerriers à l'excellence du régime politique d'Athènes, qui encourage tous les talens et toutes les vertus, qui fait tant et pour l'homme qui la sert et pour sa postérité, qu'il ne faut qu'une ame reconnoissante, qu'une noble estime de soi-même, qu'une véritable tendresse paternelle pour être prêt à se sacrifier pour sa défense. Le sublime orateur trace de ses concitoyens le plus magnifique portrait; leur bravoure est calme et réfléchie, leur politesse n'a rien d'efféminé; ils sont aimables avec leurs compatriotes, faciles avec les étrangers; ils cultivent et perfectionnent tous les arts; ils jouissent de tous les plaisirs de la paix, entendent sans alarme le signal de la guerre, et supportent sans impatience toutes ses fatigues. Généreux pour leurs amis, terribles envers leurs ennemis, ils jouissent sans insolence de toute la liberté que l'homme peut desirer, et ne connoissent que la crainte salutaire des lois.

.» Le discours de Mucianus, dans Tacite, renferme en peu de mots une foule d'idées fortes, et tous les moyens de persuasion ; il presse, il conjure Vespasien de disputer l'empire à Vitellius, par l'affection qu'il doit à son pays, par la tendresse que lui inspirent ses enfans, par la brillante perspective des succès qu'il doit envisager ; il termine glorieusement cette importante affaire ; il est secondé par les circonstances, par le nombre de ses troupes, par le zèle et l'affection de ses amis, par les vices de son rival, par ses propres vertus ; tout ce qu'il y a de grands hommes l'admirent, le vénèrent : si, par ce noble orgueil inséparable d'un grand mérite, ils s'adjugent le premier rang, ils ne manquent point d'accorder le second à Vespasien. Jamais la franchise et l'art ne furent si heureusement combinés que dans un discours. L'exhortation s'y transforme en prière, les conseils sont adoucis par le charme d'un puissant intérêt ; on y reconnoît la bravoure d'un soldat, la liberté d'un ami, les graces d'un courtisan, et la réserve d'un habile politique.

» On conviendra que les auteurs anciens, outre les beautés de style et d'éloquence, renferment encore les préceptes les plus utiles et les plus salutaires. On y trouve tout ce qui est nécessaire pour rendre la vie heureuse, pour engager à la rendre immortelle par de grandes actions. La République de Platon, les Offices, le Traité de la vieillesse et les Tusculanes de Cicéron, forment le cours de morale le plus complet. Pindare, dans ses odes sublimes, montre autant de piété que de poésie; s'il recrée des fables antiques, il anoblit, il agrandit des vérités qui sont de tous les temps et de tous les pays. Il parle de la vertu avec une religieuse chaleur, des récompenses éternelles avec une pieuse assurance. Il n'est pas moins célèbre comme moraliste que comme poète; et cette première partie n'ajoute-t-elle point au mérite d'Homère, n'est-il point le premier des philosophes comme le premier des écrivains ? »

En traduisant ces divers morceaux d'un savant critique, dont les ouvrages sur la littérature n'ont point été traduits, nous prouvons que notre amour pour les lettres peut triompher de notre amour-propre. Les jugemens d'un professeur aussi savant que Blakwell l'étoit, peuvent faire ressortir d'une manière plus frappante notre foiblesse et même notre témérité; mais nous nous estimerons heureux, si nous avons pu contribuer à ranimer le goût des bonnes études. Ce noble motif pouvoit produire un chef-d'œuvre; il n'a fait naître qu'un ouvrage que l'auteur ne publie qu'avec cette timidité que commande le sentiment de son impuissance.

Je ne me suis point étendu sur la comédie, comme je l'ai fait sur les autres arts qui appartiennent à l'imagination; je peux avoir une excuse, je n'ai rien trouvé de satisfaisant sur cette riche partie de l'art dramatique dans les auteurs grecs ; leurs poèmes épiques, leurs tragédies, leurs odes, leurs compositions historiques, portent ce caractère auguste, magnifique, sublime, qui pouvoit et qui devoit servir de modèle. Dans ces divers genres on les a peut-être égalés, on ne les surpassera jamais ; mais leurs comédies, considérées sous les rapports moraux, politiques, religieux, n'offrent rien qui satisfasse. Aristophane blesse la pudeur, il outrage les plus grands hommes de son pays ; il se montre tour-à-tour l'ennemi du culte populaire, et l'ennemi de la religion des sages : il ridiculise Platon, et il appelle la proscription sur Socrate ; il avilit Cléon, mais il dénigre Euripide ; il paroît presque toujours l'écrivain, l'appui d'une faction, et jamais le peintre des mœurs. Ses écrits sont de véritables énigmes pour le vulgaire des lecteurs ; ils pouvoient offrir un véritable intérêt à des spectateurs qui portoient au théâtre les passions et les animosités de la place publique. Douze pièces de Molière, cinq comédies de Congrève, quatre pièces de Regnard, ne seront jamais difficiles à deviner, parce qu'elles tiennent à la peinture des mœurs, des passions, des caractères, qui sont de tous les temps et de tous les pays. Nous pensons que les Grecs devoient exceller dans la comédie comme dans les autres parties de l'art dramatique : mais nous avons perdu les diamans d'Eupolis, de Philémon, de Ménandre, et

il ne nous reste que le sable et les cailloux d'Aristophane. Cet écrivain fait exception : les révolutions politiques ont dévoré une foule de chefs-
d'œuvre, et nous ont laissé assez de monumens
pour connoître et pour admirer les grands hommes
dont nous avons perdu la plus grande partie de
l'héritage littéraire ; mais si ce fameux comique
a fait des ouvrages dignes de notre estime, ils ont
échappé à sa gloire et à notre admiration : il peut
avoir des adorateurs parmi les modernes ; mais
Plutarque qui le connoissoit mieux que nous,
n'en parle qu'avec mépris.

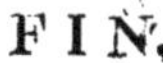

FIN.

DE L'IMPRIMERIE DE CRAPELET.

9 782329 370590